버리기 쉬운 심리 어려운 심리

버리기 쉬운 심리 어려운 심리

제1판 제1쇄 발행 2026년 1월 30일

지은이 김남순
펴낸이 임용훈

편집 전민호
용지 정림지류
인쇄 올인피앤비

펴낸곳 예문당
출판등록 1978년 1월 3일 제305-1978-000001호
주소 서울시 영등포구 문래동 6가 19 문래SK V1 CENTER 603호
전화 02-2243-4333~4 | 팩스 02-2243-4335
이메일 master@yemundang.com | 블로그 www.yemundang.com
페이스북 www.facebook.com/yemundang | 인스타그램 @yemundang

ISBN 978-89-7001-723-5 03180

· 본사는 출판물 윤리강령을 준수합니다.

심리학 대가들의 이론으로 풀어보는 100가지 마음의 법칙

버리기 쉬운 심리 어려운 심리

김남순 지음

예 문 당

프롤로그 – 버리기 어려운 것과 버리기 쉬운 것

살다 보면 굳이 붙잡을 필요가 없는 것에 매달리는 경우가 많다. 익숙하다는 이유로, 오랫동안 같이했다는 이유로, 혹은 설명하기 힘든 이유로도 그렇다. 불필요한 것을 정리할수록 삶이 가벼워진다는 것을 알아도 실행하기는 쉽지 않다. 물건도 그렇고 우리의 마음도 그렇다. 살다 보면 버리지 못해 아픈 게 있고, 버리면 안 되는데 버리고 싶은 게 있다.

이 책은 우리의 이런 마음을 여러 심리학 대가의 정리를 통해 들여다보려는 시도이다. 이런 문제는 나만의 문제가 아니고 여러 심리학자도 고민했던 문제이기 때문이다. 대가들이 정리한 마음의 법칙을 지금 나의 관점에서 들여다보면 내 마음을 조금 더 잘 이해할 수 있을지 모른다. 버리기 어려운 것과 쉬운 것의 미묘한 경계, 그 흔들림의 시간. 감정과 관계, 회복의 순간들을 일상의 언어로 가볍게 풀어보고 싶었다.

1장 '감정의 언어'는 불안, 슬픔, 질투, 부끄러움 같은 우리가 억누르거나 숨겨 왔던 감정들의 진짜 역할을 들여다본다. 감정의 역할을 알아야 그런 마음에서 벗어나기 쉬워지기 때문이다.

2장 '나를 이해하는 기술'은 마음을 회복하기 위한 수단으로 자기비판 대신 자기관찰을 제안한다. 빠져나오기 힘들 마음의 늪도 관찰하면 벗어나기 쉬워진다.

3장 '관계의 심리학'은 누군가와 가까워지기 위해서는 누군가와 멀어질 용기도 필요하다는 사실을 이야기한다.

4장 '사랑의 구조'는 사랑은 폭발이 아니라 유지의 기술이며, 함께 있으면서도 나를 잃지 않는 법이 필요한 이유를 말한다.

5장부터 9장까지는 우리 일상을 지배하는 보이지 않는 심리의 흐름을 천천히 따라가 본다. 미루기, 완벽주의, 번아웃 같은 것은 의지의 문제가 아니라, 감정의 언어라는 점이 하나씩 드러난다.

10장과 11장은 이 책의 결론이자, 다시 출발하는 지점이다. 버린다는 것은 잊는 일이 아니라, 다시 시작할 공간을 여는 일이다. 비움은 결핍이 아니라 선택이며, 남겨진 것들이 결국 우리를 완성한다.

이 책은 요즘 나의 마음을 심리학 대가들의 정리를 통해 하나하나 풀어보았다. 그래도 어쩌다 오래된 친구를 만났을 때, 특별한 설명 없이 "내가 쓴 책이야." 하고 가볍게 건넬 수 있게, 일상의 언어로 풀어보았다. 심리 이론에 대한 해설이 아니라 지금 내가 느끼는 마음의 한편이다.

이 책을 굳이 처음부터 읽을 필요는 없다. 펼쳐진 장부터 읽어도 좋고 읽다가 굳이 다음 장으로 넘어가지 않고 멈추어도 좋다. "나도 이런 생각을 했는데…." 혹은 "아, 이런 마음도 있구나!" 정도의 공감이면 충분하다. 부담없이 들 수 있고, 내려놓을 수 있는 책으로 하루의 감정 결을 조금 느슨하게 만드는 책이기를 바랐다. 잠시 덜 쥐고 있어도 괜찮다는 느낌만 남아도 충분하다.

오래된 친구에게 건네듯, 아무 말 없이도 편안한 책으로.

2025. 12.

김남순

목 차

3장. 관계의 심리학(What We Keep Between Us) ....

4장. 사랑의 구조(Love, Attachment and Letting Go) ....

1장

감정의 언어

(Emotions We Hold On To)

웃음도 연습이 필요하다

나는 강의를 하면서 웃는 연습을 많이 했다. 이동 중인 차 안에서도, 메이크업을 하면서도, 강의실에 들어가기 전 거울 앞에서도 입꼬리를 살짝 올리고 눈가의 긴장을 풀었다. 그렇게 매일 반복하다 보니 어느 순간 웃음은 내 얼굴의 기본값처럼 자리 잡았다. 그러나 삶의 큰 파도가 찾아왔을 때, 그 익숙한 웃음은 갑작스럽게 힘을 잃었다. 웃고 있음에도 웃는 것 같지 않고, 거울 속의 표정은 낯설기만 했다. 그때 나는 처음으로 마음이 표정을 바꾼다는 사실을 실감했다.

한동안 그 낯섦은 나를 주저앉혔다. 하지만 그대로 무너지면 정말 일어나기 어려울 것 같았다. 그래서 어느 날 다시 거울 앞에 섰다. 마음이 따라오지 않더라도 억지로 웃어보았다. 그것은 나를 속이기 위한 행동이 아니라, 흔들린 마음을 붙잡기 위한 작은 시도였다.

"나는 아직 괜찮다."

그 신호를 가장 먼저 확인하는 사람은 결국 나 자신이었다.

심리학자 폴 에크먼(Paul Ekman)은 '표정 피드백 이론(Facial Feedback Hypothesis)'으로 이러한 경험을 설명한다. 감정이 표정을 만드는 것처럼 보이지만, 역으로 표정이 감정을 만들어내기도 한다는 것이다. 입꼬리를 올리는 단순한 행동만으로도 뇌는 긍정적 자극으로 인식하며 도파민과 세로토닌 같은 신경전달물질을 분비한다. '억지로 웃어도 결국 마음이 뒤따라온다'라는 것은 단순한 속설이 아니라, 과학적 근거가 있는 심리·생리적 반응이다.

그래서 지금도 강의를 시작하기 전에는 잠시 시간을 내어 내 표정을 확인한다. 피로가 묻은 얼굴에 작은 미소라도 얹어두면 마음의 긴장이 풀리고, 강의실을 향해 걸어가는 발걸음이 가벼워진다. 그 미소가 진짜 감정에서 나온 것인지, 마음을 추스르기 위한 노력의 결과인지가 중요한 건 아니다. 중요한 것은 그 미소가 오늘의 나를 앞으로 나아가게 하는 힘이 된다는 사실이다.

삶은 언제나 완벽하지 않다. 때로는 예상하지 못한 순간에 마음이 무너지고, 표정에도 그 흔적이 스며든다. 하지만 표정을 통해 마음을 다독일 수 있다는 사실이 우리에게 작은 가능성을 남겨준다.

감정이 표정을 닮아가듯, 표정도 감정을 닮아간다. 누군가 내 얼굴에서 따뜻한 미소를 본다면, 그것만으로도 나는 아직 희망을 잃지 않았다는 증거일 것이다. 그래서 나는 오늘도 거울 앞에서 조용히 웃는 연습을 이어간다.

표정 피드백 이론(Facial Feedback Hypothesis, 1970)

폴 에크먼(Paul Ekman)

인간의 표정은 단순히 감정의 '결과'가 아니라, 감정을 '형성하는 원인'이 될 수 있다. 입꼬리를 올리는 행위만으로도 도파민과 세로토닌이 분비되어 실제 기분이 달라진다. 하지만 이는 '행복한 척하면 행복하다'라는 단순한 긍정이 아니라, 신체와 감정의 상호작용을 보여주는 생리학적 반응이다.

감정에 솔직해지면 좋은 점

한동안 나는 "괜찮아"라는 말을 입에 달고 살았다. 힘든 일이 있어도 괜찮다고 말하고, 속상한 마음이 올라와도 웃으며 넘기는 것이 어른스러움이라고 믿었다. 감정을 드러내지 않는 것이 성숙한 태도라고 스스로를 설득하며, 울컥하는 마음을 애써 다독였다. 하지만 시간이 지나며 알게 되었다. 감정은 그렇게 조용히 사라지는 것이 아니라는 것을.

심리학자 제임스 그로스(James Gross)은 감정을 억누르는 방식은 순간적으로 통제하는 느낌을 줄 수 있지만, 장기적으로는 신체적·정서적 부담을 심화시킨다고 한다. 억눌린 감정은 방향만 바뀌면 결국 피로, 무기력처럼 다른 모습으로 우리를 다시 찾아온다. 마음속 깊이 눌러둔 감정이 사라진 것이 아니라 형태만 바뀐다는 것이다.

그의 이론을 들여다보니 별일 아닌 일에 과하게 화가 났던 날들, 이유 없이 마음이 가라앉았던 순간들이 떠오른다. 그때 나는 나를 탓했다. "왜 이렇게 사소한 일에 흔들리지?" 하지만 돌아보면 그것은 약함이 아니라 오래 눌러둔 감정의 반동이었다. 감정을 무시하고 버티는 것이 나를 지키는 일이 아니라, 천천히 무너지는 방식이었다는 사실을 뒤늦게 이해했다.

이 깨달음 이후로 나는 "괜찮아"라는 말을 조금 아껴서 쓰기 시작했다. 괜찮지 않은 날에는 그냥 솔직하게 "오늘은 괜찮지 않아요"라고 말해본다. 그 한마디가 감정을 폭발시키는 것이 아니라 마음의 긴장을 풀어준다. 감정을 인정하는 일이 오히려 나를 편안하게 만들며, 나의 내면을 보호하는 방식이 될 수 있다는 사실을 알게 되었다.

감정은 적이 아니다. 화는 불편함을 알려주는 경고음이고, 슬픔은 나를 돌봐야 할 때라는 신호다. 감정을 밀어내거나 억누르는 대신, 그 자리에 잠시 머물러 주는 것. 이는 감정 조절의 중요한 전략 중 하나인 '인지적 재평가(cognitive reappraisal)'와도 닿아 있다. 감정에 휘둘리지 않으면서도 감정을 관찰하고 의미를 재구성하는 과정이 치유의 문을 연다.

그래서 지금의 나는 감정을 솔직하게 말할 수 있는 사람이 되고 싶다. 강해 보이려는 마음보다 나를 이해하려는 마음이 더 중요한 시기가 왔음을 느낀다.

감정 억압 이론(Emotional Suppression Theory, 1998)

제임스 그로스(James Gross)

감정을 억누르는 것은 잠시 동안 통제감을 주지만, 억눌린 감정은 사라지지 않고 신체적 긴장, 불면, 무기력으로 재등장한다. 감정은 억제할수록 더 강하게 돌아오는 '정신적 리바운드 효과'를 가진다.

미운 마음이 올라올 때 감정의 방향을 바꾸는 법

살다 보면 이유 없이 누군가가 밉게 느껴지는 순간이 있다. 상대가 특별히 잘못한 것도 아닌데, 말투 하나가 신경을 건드리고, 표정 하나가 과하게 예민하게 느껴진다. 예전의 나는 이런 감정이 올라오면 늘 나부터 의심했다. "내가 너무 예민한 걸까? 왜 이렇게 사소한 일에 흔들리지?" 하지만 시간이 지나면서 조금씩 알게 되었다. 미운 마음은 부끄러운 감정이 아니라 나를 지키기 위해 작동하는 자연스러운 반응이라는 것을.

심리학자 제임스 그로스(James Gross)와 수전 톰슨(Susan Thompson)이 제시한 '정서 조절 이론(Emotion Regulation Theory)'은 이 경험을 설명해 준다. 이 이론에 따르면 감정은 억누르거나 터뜨리는 방식으로 다루면 오히려 부작용이 커진다. 감정을 조절한다는 것은 참고 버티는 것이 아니라, 감정의 의미를 다시 해석하는 재구성(reappraisal) 과정이다. 미움을 억누르면 분노와 긴장이 되고, 터뜨리면 후회로 돌아온다. 그래서 진짜 감정 조절은 감정이 올라올 때 그 이유를 조용히 들여다보는 데서 출발한다.

요즘의 나는 미운 마음이 올라오면 서둘러 외면하지 않는다. 대신 잠시 멈춰 내 안에서 일어난 반응을 관찰한다. "왜 이 말이 이렇게 불편했을까? 정말 그 사람 때문일까, 아니면 내 안의 불안이나 상처가 먼저 움직인 걸까?" 이렇게 질문을 던지면 마음의 온도는 서서히 내려가고, 감정은 처음보다 덜 날카로운 형태로 모습을 바꾼다. 감정을 다스린다는 건 감정을 억제하는 일이 아니라, 감정이 향하는 방향을 부드럽게 바꾸는 일임을 배웠다.

돌이켜보면 누군가를 미워한다는 건 그만큼 마음을 썼다는 뜻이다. 전혀 상관없는 사람에게는 미움조차 생기지 않는다. 미움은 관계의 끝이 아니라 “이만큼은 괜찮지만, 그다음은 힘들다”라고 말하는 마음의 경계선이다. 우리는 종종 ‘좋은 사람’이 되기 위해 미움을 감추려고 하지만, 미움을 느낄 수 있다는 것은 여전히 따뜻한 감정을 품고 있다는 증거이기도 하다. 그 안에는 상처받고 싶지 않은 마음, 소중한 것을 잃지 않으려는 본능이 숨어 있다. 그래서 이제 나는 미움을 부끄러워하지 않는다. 대신 그 감정이 나를 해치지 않도록 조용히 다룬다. 미움의 밑바닥에는 언제나 “나도 사랑받고 싶다”라는 소망이 있다. 그 마음을 알아차리는 순간, 미움은 나를 소모하는 감정이 아니라 나를 이해하게 만드는 감정으로 변해간다.

그래서 오늘도 나는 내 마음에 묻는다.

“뭘 지키고 싶은 거니?”

정서 조절 이론(Emotion Regulation Theory, 1998)

제임스 그로스(James Gross), 수전 톰슨(Susan Thompson)

감정은 억제하거나 폭발시키는 것이 아니라 ‘조절’해야 한다. 감정 조절은 생각을 재구성(reappraisal)하거나 감정의 흐름을 관찰하는 과정으로 이뤄진다. 미움조차도 자신의 가치와 경계를 지키려는 자연스러운 반응이다.

천천히 다가오는 슬픔이 오래 남는 이유

슬픔은 요란하게 찾아오지 않는다. 누군가를 잃었을 때나 마음이 크게 흔들리는 일을 겪었을 때조차, 그 감정은 소리 없이 스며들며 마음의 깊은 곳을 흔든다. 겉으로는 아무 일도 없는 듯 지낼 수 있지만, 내면에서는 잔잔한 파도가 계속해서 밀려왔다가 끊어지기를 반복한다. 때로는 그 파도가 한순간에 나를 덮쳐 무너뜨릴 것 같지만, 그 감정은 또 그렇게 지나간다. 붙잡히지 않지만 사라지지도 않는 흐름 속에서 우리는 슬픔과 오래 머문다.

심리학자 엘리자베스 퀴블러 로스(Elisabeth Kübler Ross)가 제시한 '슬픔의 다섯 단계' 모델은 이러한 감정의 움직임을 설명하는 대표적인 이론이다. 거부(denial)에서 분노(anger), 타협(bargaining), 우울(depression), 수용(acceptance)으로 이어지는 과정을 경험하는 사람도 있지만, 이 단계는 정해진 순서가 아니며 모두가 똑같이 겪는 통과 의례도 아니다. 이론의 핵심은 '슬픔은 단일 사건이 아니라, 마음이 균형을 되찾아가는 자연스러운 과정'이라는 점이다. 즉, 슬픔이 특정 순간에 끝나기를 기대하기보다 흐름을 인식하는 것이 더 중요하다는 뜻이다.

나 역시 한동안 마지막 단계인 '수용'만 기다렸다. 어느 날 갑자기 모든 것이 괜찮아지는 순간이 찾아올 거라고 믿었다. 그러나 현실은 달랐다. 슬픔은 한 번에 사라지지 않았고, 어떤 날은 무겁게 내려앉았다가 또 어떤 날은 희미하게 스쳐 지나갔다. 한참을 그런 흐름 속에서 지내던 어느 순간, 나는 같은 이야기를 예전보다 담담하게 하는 나 자신을 보았다. 그때 깨달았다. 슬픔이 나를 비켜 간 것이 아니라, 조용히 나를 지나가고 있었음을.

이제는 슬픔이 찾아오는 것이 두렵지 않다. 그 감정은 내가 누군가를 깊이 사랑했고, 어떤 경험을 진심으로 받아들였다는 증거이기 때문이다. 사랑이 깊을수록 슬픔이 오래 머무는 것은 자연스러운 일이다. 슬픔은 마음을 무너지게 하기보다 그 결을 다듬고 더 단단하게 만든다. 시간이 흐르면 슬픔이 남긴 자리에 조용한 감사가 쌓인다. 여전히 그리움은 남지만, 그리움을 안은 채 살아갈 힘이 생긴다.

애도 5단계 이론(Grief Cycle, 1969)

엘리자베스 퀴블러 로스(Elisabeth Kübler Ross)

인간은 상실을 경험할 때 거부-분노-타협-우울-수용의 다섯 단계를 거친다. 슬픔은 머무는 감정이 아니라, 통과되는 감정이다. 각 단계는 감정을 회복시키는 심리적 의식(ritual)이다.

때로는 질투가 필요한 이유

질투를 느낀다는 건 살아 있다는 증거다. 아직 무언가를 원하고 있고, 마음이 여전히 움직이고 있다는 뜻이다. 질투는 요란하게 다가오지 않는다. 동료의 성취, 친구의 승진 소식, 누군가의 반짝이는 순간을 마주할 때 마음 한편이 살짝 흔들린다. 그 감정은 생각보다 오래 남는다. 나도 모르게 그 사람의 소식을 다시 찾아보고, 비슷한 상황을 떠올리며 괜히 마음이 가라앉기도 한다. 예전의 나는 이런 감정을 느낄 때마다 나부터 탓했다. "내가 속이 너무 좁은 걸까, 왜 이렇게 사소한 일에 흔들리지?"

심리학자인 레온 페스팅거(Leon Festinger)는 '사회 비교 이론(Social Comparison Theory)'을 통해 인간이 타인을 기준 삼아 자신을 평가한다고 설명했다. 사람은 다른 사람의 성취, 모습, 삶의 속도를 거울처럼 삼아 자신이 어디쯤 서 있는지 확인한다. 그런 의미에서 질투는 부족함의 증거라기보다 "나는 누구인가, 나는 어디쯤 와 있는가?"를 묻는 마음의 질문이다. 질투를 느낀다는 건 여전히 나를 돌아보고 있다는 의미이기도 하다.

한때 나는 질투를 부끄러운 감정으로만 여겼다. 좋은 감정이 아니라고 믿었기에, 그런 마음이 들면 서둘러 외면했다. 하지만 이제는 조금 다르게 본다. 질투 그 자체는 선악의 문제가 아니다. 중요한 건 그 감정을 어떻게 해석하고 사용하는가이다. 누군가의 빛을 보며 나도 저렇게 성장하고 싶다고 느끼는 순간, 질투는 열등감이 아니라 동기가 될 수 있다. 질투는 "나도 저 지점에 가보고 싶다"라는 마음의 신호다.

반대로, 나도 때때로 누군가의 질투 대상이 된다. 이는 생각보다 편안한 경험이 아니다. 질투받는다는 것은 나 역시 비교의 무대 위에 올라가 있다는 뜻이고, 누군가의 마음이 나로 인해 흔들릴 때 묘한 미안함이 따라온다. 그때 깨닫는다. 질투는 한 방향으로만 흐르는 감정이 아니라는 것을. 오늘 내가 부러워한 그 사람이, 어제의 나를 부러워했을 수도 있다. 질투의 방향은 언제나 돌고 돌며, 우리는 그 안에서 서로를 비춘다.

결국 질투는 거울 같다. 그 안에는 나의 욕망과 불안, 가능성이 동시에 비친다. 욕망이 너무 크면 마음이 다치지만, 적당한 질투는 삶을 움직이는 힘이 된다. 그래서 이제 나는 질투를 무조건 숨기려 하기보다, 그 감정이 가리키는 방향을 살펴보려 한다. "나는 지금 무엇을 갖고 싶어 하는가, 무엇이 아쉬운가, 무엇을 지키고 싶은가." 이 질문들에 답하다 보면 질투는 나를 소모하는 감정이 아니라 나를 이해하는 통로가 된다.

나도 누군가를 질투하고, 누군가도 나를 질투한다. 그 사이 어딘가에서 우리는 서로를 배우고, 조금씩 단단해진다. 오늘 느낀 질투가 불편하게만 느껴질지라도, 그 감정은 여전히 내가 꿈꾸고 있다는 증거다. 중요한 건 질투를 부정하는 것이 아니라, 그 에너지가 나를 상처 내는 방향이 아니라 성장의 방향으로 흐르도록 천천히 조절하는 일이다.

사회 비교 이론(Social Comparison Theory, 1954)

레온 페스팅거(Leon Festinger)

질투는 타인을 비교함으로써 나를 확인하려는 시도다. 이는 낮은 자존감 때문만이 아니라, 인간의 본능적 자기평가 과정에서 비롯된다. 질투는 '나는 누구인가'라는 정체성 탐색의 불완전한 형태다.

상황은 선택할 수 없어도 태도는 선택할 수 있다

비 오는 날을 좋아한다. 흙냄새가 공기 속에 은근히 스며들고, 일정한 리듬을 가진 빗소리가 마음을 천천히 가라앉힌다. 나에게 비는 잠시 멈춰 서게 하는 자연의 휴식 같은 존재다. 하지만 누군가에게는 정반대다. 우중충한 하늘만 보면 기분이 가라앉고, 길은 미끄럽고, 불편함이 여러 겹으로 쌓여 하루가 더 무겁게 느껴진다고 말한다. 같은 하늘 아래에서도 마음의 날씨는 서로 달라진다.

어쩌면 '마음먹기 나름이다'라는 오래된 말은 바로, 이 차이를 설명하려는 시도인지도 모른다. 같은 상황을 두고도 누군가는 기회를 보지만, 누군가는 위협을 본다. 이런 차이를 심리학자 줄리언 로터(Julian B. Rotter)는 '통제의 위치(Locus of Control)'라는 개념으로 설명했다. 삶의 방향을 스스로 쥐고 있다고 믿는 사람은 내부 통제형, 세상이 나를 끌고 간다고 느끼는 사람은 외부 통제형이라고 불린다. 두 성향은 같은 사건 앞에서도 전혀 다른 해석을 내린다. 내부 통제형은 실패를 '배움'으로 정의하고, 외부 통제형은 그것을 '불운'으로 해석한다.

나 또한 한때는 모든 일을 상황 탓으로 돌렸다. '운이 없어서', '타이밍이 안 맞아서', '사람들이 나를 몰라줘서'라는 생각이 마음을 지배하던 시절이 있었다. 그런 생각을 할수록 이상하게 더 지쳤다. 세상이 나를 움직인다고 믿을수록 마음은 점점 작아지고, 삶은 무기력해졌다.

그러던 어느 날, 짧은 문장을 하나 읽었다.

"상황은 선택할 수 없지만, 태도는 선택할 수 있다."

그 문장은 오래도록 머릿속에 머물렀다. 그날 이후 나는 질문을 바꾸기 시작했다. “왜 이런 일이 생겼을까?”에서 “이 상황에서 내가 할 수 있는 건 무엇일까?”로 질문 하나만 바꿨을 뿐인데, 세상이 조금씩 다르게 보였다.

심리학에서는 이러한 변화를 ‘인지 재평가(Cognitive Reappraisal)’라고 부른다. 상황 자체를 바꾸는 것이 아니라 그 사건의 의미를 다르게 해석하는 과정이다. 실패를 ‘끝’이 아니라 ‘다시 시작할 기회’로 바라보는 힘, 바로 마음을 다루는 능력이다. 이것은 억지 긍정과는 다르다. 현실을 인정하되 그 안에서 선택할 수 있는 부분을 다시 살피는 태도다.

로터의 통제 소재 이론은 우리가 삶의 사건을 해석하는 방식이 결국 정서의 흐름을 결정한다고 말한다. 마음먹기 나름이라는 말이 가리키는 것도 바로 이 지점이다. 통제의 위치를 자기 안으로 돌려놓는 순간, 삶은 상황이 아니라 선택의 연속으로 바뀐다.

살다 보면 계획은 틀어지고, 기다리던 일은 예상치 못한 방향으로 흐른다. 뜻밖의 소식 하나가 하루를 뒤흔들기도 한다. 하지만 마음의 방향을 스스로 선택할 수 있다는 사실을 잊지 않는다면, 비 오는 날에도 우리는 각자의 방식으로 길을 만들어갈 수 있다.

통제 소재 이론(Locus of Control Theory, 1954)

줄리언 로터(Julian B. Rotter)

인간은 사건의 원인을 ‘내부’ 혹은 ‘외부’로 해석한다. 내부 통제형은 스스로 선택의 주체라 믿고, 외부 통제형은 운명이나 타인에 의해 삶이 좌우된다고 느낀다. 마음먹기 나름이라는 말은, 통제의 위치를 자기 안으로 돌리는 태도에서 비롯된다.

감정은 인식될 때 비로소 떠나보낼 수 있다

사람을 이해한다는 일이 얼마나 어려운지 우리는 살아가며 여러 번 깨닫는다. 별 뜻 없이 건넨 말 한마디가 오래 마음에 남고, 사소한 서운함이 조용히 부풀어 올라 마음속 풍선처럼 커질 때가 있다. 아무 일도 아닌데도 혼자 마음이 요동치고, 머릿속에서는 존재하지 않는 장면들을 이어 붙여 작은 드라마를 만든다. 그럴 때 나는 "괜찮아, 그냥 피곤해서 그래"라고 말하며 넘기려 했지만, 몸이 쉬어도 마음의 피로는 좀처럼 풀리지 않았다.

지그문트 프로이트(Sigmund Freud)는 무의식을 '억눌린 감정의 저장고'라고 설명했다. 감정은 사라지는 것이 아니라 조용히 다른 얼굴로 숨는다. 말하지 못한 서운함은 꿈속에서 전혀 다른 이야기로 나타나고, 누르고 넘긴 분노는 몸의 통증으로 돌아오기도 한다. 감정이 방향을 잃으면 결국 돌아온다. 다만, 우리가 예상하지 못한 문으로.

나는 한때 '참는 것이 성숙한 태도'라고 믿었다. 화를 내지 않고, 감정을 드러내지 않는 사람이 어른스러운 사람이라고 생각했다. 그래서 웬만한 일은 "괜찮아요"라는 말로 덮었다. 하지만 시간이 지나고 알게 되었다. 감정을 누르는 건 '참는 것'이 아니라 '쌓는 것'이라는 사실을. 그리고 쌓인 감정은 어느 순간 반드시 흘러나온다는 것도.

이제는 조금 다르게 살아보려 한다. 감정이 올라올 때 그 자리를 내어주는 연습을 시작했다. "그래, 지금은 화가 나 있구나.", "조금 외롭구나." 이렇게 마음을 향해 한 문장을 건네는 것만으로도 묘하게 숨이 편안해진다. 감정은 나를 괴롭히려는 것이 아니다. "지금 나를 좀 봐줘"라는 내면의 작은 신호일 뿐이다.

이 신호를 계속 무시하면 몸이 대신 말하기 시작한다. 이유 없이 잠이 오지 않거나, 머리가 아프거나, 작은 일에도 유난히 예민해지는 순간들이 그렇다. 감정은 적이 아니다. 말하지 못한 문장이고, 아직 표현되지 않은 이야기일 뿐이다. 사라지지 않는 것이 아니라, 아직 귀 기울여주지 않았기 때문이다. 그러니 너무 참지 말자. 감정을 흘려보내는 일은 약함이 아니라 오히려 나를 지키는 단단한 방식일지 모른다. 감정은 결국 제자리로 돌아온다. 그때 우리는 그 감정을 외면하지 않고 바라볼 수 있어야 한다. 그렇게 자신의 마음을 인정하는 순간, 치유는 이미 절반쯤 시작되고 있다.

억압(Repression, 1890-1900 무렵)

지그문트 프로이트(Sigmund Freud)

무의식은 억눌린 감정의 저장고다. 억압된 감정은 망각된 채 사라지는 것이 아니라, 꿈, 습관, 신체적 증상 등으로 변형되어 나타난다. 감정은 언젠가 인식될 때까지 형태를 바꿔 머문다.

감정을 기록하면 마음이 정리된다

어릴 적 나는 일기장에 하루를 자주 담았다. 서운했던 일, 기뻤던 순간, 말로는 차마 꺼내지 못했던 마음마저 조용히 적어 내려가다 보면, 이상하게도 하루의 무게가 조금 가벼워졌다. 그저 글을 썼을 뿐인데 마음이 정돈되는 이유를 알지 못한 채, 그 행위는 오래도록 나만의 작은 습관으로 남았다.

심리학자 매튜 리버먼(Matthew Lieberman)은 이러한 경험을 '감정 라벨링(Emotional Labeling)'이라는 개념으로 설명한다. 그의 연구에 따르면 감정을 말하거나 글로 표현하는 순간, 감정 반응을 담당하는 편도체의 활동이 감소하고 대신 전전두엽이 활성화된다. 즉, 감정을 기록하는 일은 단순히 기분을 털어놓는 행위가 아니라, 뇌가 스스로를 진정시키는 하나의 조절 전략이다.

하루 동안 쌓인 감정은 그냥 두면 모호하고 무겁다. 하지만 단어로 옮기기 시작하면 감정은 문장 속에서 '이해할 수 있는 이야기'로 재구성된다. 막연한 불안은 언어를 만나며 형태를 갖추고, 서운함은 기록되는 순간 '나를 압도하는 감정'에서 '내가 관찰할 수 있는 경험'으로 바뀐다. 감정이 나를 흔드는 것이 아니라, 내가 감정을 바라보는 위치로 옮겨지는 것이다.

리버먼의 연구처럼, 감정을 기록하는 일은 감정을 지우기 위한 과정이 아니라 이해하기 위한 과정이다. 글을 쓰는 그 짧은 시간 동안 마음은 흩어진 조각을 천천히 모으고, 복잡했던 감정은 제자리를 찾는다. 기록의 목적은 훌륭한 문장을 만드는 데 있지 않다. 오히려 흐트러진 감정을 언어라는 틀 속에 담아 '다룰 수 있는 상태'로 만드는 데 있다.

그래서 하루가 유난히 무겁게 느껴지는 날에는 길게 쓰지 않아도 된다. 한 줄이면 충분하다.

"오늘은 조금 울적하다", "왠지 모르겠지만 마음이 무겁다." 정확한 이유를 찾아낼 필요도 없다.

감정 라벨링(Emotional Labeling, 2007)

매튜 리버먼(Matthew Lieberman)

감정을 말하거나 글로 쓰는 일은 단순한 표현이 아니라 신경학적 '진정 행위'다. 감정을 언어화할수록 우리는 감정에 휘둘리지 않고, 그것을 '이해할 수 있는 경험'으로 바꿀 수 있다.

플라세보 효과는 몸도 바꿀 정도로 강력하다

'약'이 아니어도 약이라고 믿는 순간 통증이 줄어들고, 불면이 완화되는 경험은 생각보다 흔하다. 우리는 이를 '플라세보 효과(Placebo Effect)'라고 부른다. 이 현상은 단순한 기분의 문제가 아니라, 믿음이 몸의 생리적 반응을 실제로 변화시키는 과정이다.

의학자 헨리 비처(Henry K. Beecher)는 제2차 세계대전 중 이 사실을 극적으로 확인했다. 전쟁터의 야전병원에서 마취제가 모두 떨어진 상황, 그는 생리식염수를 주사하며 "진통제니까 곧 괜찮아질 거야"라고 말했다. 놀랍게도 많은 병사가 진통 효과를 보고했다. 몸속에는 아무 약효도 없었지만, '효과가 있을 것'이라는 믿음이 통증을 조절하는 신경전달물질을 활성화한 것이다.

심리학에서는 이러한 현상을 '심신상관(心身相關)'이라고 설명한다. 마음의 확신이 도파민과 엔도르핀 같은 화학물질의 분비를 변화시키고, 그 결과 실제로 통증이 줄고 불안이 완화된다. 즉, 믿음은 생리적 변화를 일으키는 하나의 신호이며, 심리적 위로가 아니라 신체가 반응하는 '작동된 신념'이다.

일상에서도 우리는 이 힘을 종종 느낀다. "곧 나아질 거예요"라는 말 한마디가 어깨의 강박을 풀고, 가슴에 맺힌 답답함을 조금씩 누그러뜨린다. 누군가의 따뜻한 확신은 단순한 위로가 아니라, 뇌를 통해 몸 전체로 퍼지는 안정의 신호가 된다. 그래서 믿음은 타인이 건네는 치유일 뿐 아니라, 자신에게 건네는 다정한 확증이 되기도 한다. "괜찮아, 잘하고 있어"라는 말이 불안한 마음을 안정시키고, 다시 일어설 힘을 불러오는 이유가 여기에 있다.

비처의 연구는 플라세보 효과가 거짓된 희망이 아니라는 점을 보여준다. 그 힘은 실제 생리적 반응을 유도하며, 우리 안의 자가 치유 가능성을 일깨우는 역할을 한다. 믿음이 몸을 속이는 것이 아니라, 회복을 향해 몸을 설득하는 과정에 가깝다.

가만히 생각해보면 우리도 누군가에게 그런 '믿음의 효과'를 건네는 사람이 될 수 있다.

플라세보 효과(Placebo Effect, 1955)

헨리 비처(Henry K. Beecher)

비처는 제2차 세계대전 중 마취제가 부족한 상황에서, 단순한 식염수를 '진통제'라 믿게 한 병사들이 실제로 통증을 덜 느낀 사례를 통해 플라세보 효과를 밝혀냈다. 그는 '믿음'이 뇌의 화학 반응을 변화시켜 실제 신체적 결과를 유발할 수 있음을 증명했다. 즉, 신념은 단순한 심리적 위로가 아니라, 생리적 변화를 일으키는 실질적인 힘이다.

2장

나를 이해하는 기술

(The Psychology of the Self)

완벽함을 내려놓기 좋은 순간

평소에는 아무렇지 않게 하던 일도 '오늘은 잘해야지'라는 마음이 생기는 순간 이상하게 꼬일 때가 있다. 밥을 할 때도 그렇다. 늘 하던 대로 했는데 이상하게 질거나 딱딱해지고, 공들여 한 메이크업도 거울 속에서는 영 마음에 들지 않는다. "오늘은 제대로 하고 싶었는데…"라는 마음이 오히려 결과를 어긋나게 만든다. 완벽해지려는 순간, 우리는 가장 중요한 자연스러움을 잃는다.

브레네 브라운(Brené Brown)은 "완벽주의는 탁월함을 향한 열정이 아니라, 수치심에 대한 방어"라고 말한다. 이 문장은 완벽주의의 본질을 정확하게 짚어낸다. 완벽해야 인정받는다고 믿을수록 우리는 스스로를 더 세게 조이게 되고, 그 조임은 긴장을 낳는다. 긴장은 실수를 두려워하게 만들고, 결국 평소보다 덜한 결과를 만든다. 문제는 실수 그 자체가 아니라, 실수를 절대 허용하지 않으려는 마음이다.

나 역시 한동안 '잘하고 싶은 마음'과 '틀리지 않으려는 마음'을 같은 것으로 착각했다. 하지만 둘은 전혀 다르다. 잘하고 싶은 마음은 나를 성장으로 이끌지만, 틀리지 않으려는 마음은 나를 소모하게 한다. 전자는 자유를 후자는 불안을 낳는다. 완벽함을 목표로 삼는 순간, 기준은 현실적인 수준을 벗어나고 마음은 그 기준에 맞추느라 지쳐간다. 결국 완벽함은 성취의 조건이 아니라 자신을 옥죄는 잣대가 되기 쉽다.

불완전함을 인정하는 것은 대충 살겠다는 의미가 아니다. 오히려 스스로에게 적당한 여유를 허락하는 일에 가깝다. 있는 그대로의 나를 받아들일 수 있을 때, 다른 사람의 모자람도 자연스럽게 이해된다. 완벽해야 한다는 생각을 조금 내려놓으면 결과보다 과정이 보이고, 그 안에서 진심과 노력의 결이 드러난다.

삶은 원래 조금은 삐걱거림 투성이다. 그 삐걱거림 속에서 관계의 맛이 생기고, 그 불완전함 덕분에 사람 냄새가 난다.

밥이든, 메이크업이든, 인생이든.

취약성 이론(Vulnerability Theory, 2010)

브레네 브라운(Brené Brown)

완벽주의는 높은 기준이 아니라, 수치심에 대한 방어다. '완벽해야만 사랑받는다'는 믿음은 결국 자신을 소진시킨다. 용기란 완벽해지려는 게 아니라, 불완전함 속에서도 자신을 드러내는 것이다. 완벽함 대신 진심을 선택할 때 마음은 회복된다.

자기비판보다 자기관찰이 필요한 이유

사람은 누구보다 자기 자신에게 엄격하다. 남의 실수에는 쉽게 "괜찮아요"라고 말하면서도, 자기 실수에는 끝없이 이유를 찾고, 해석하고, 되짚는다. '왜 그랬을까?'로 시작한 생각은 금세 '나는 왜 늘 이럴까?'로 번진다. 이쯤되면 실수를 보는 것이 아니라, 자신을 공격하고 있는 셈이다.

심리학자 엘렌 랭어(Ellen Langer)는 이런 상태를 '마음 챙김'이 빠진 비판이라고 설명한다. 비판은 결과만을 바라보지만, 관찰은 거기까지 이르는 과정을 함께 본다. 비판은 발걸음을 멈추게 하고, 관찰은 다시 움직이게 한다. '왜 그랬을까?' 대신 '그때 나는 어떤 마음이었을까?'라고 물어보는 순간, 시선이 달라지고 말의 온도도 달라진다.

나 역시 예전에는 실수를 떠올리기만 해도 몸이 먼저 굳었다. '그때 왜 그랬을까'라는 말속에는 늘 자책이 숨어 있었다. 그런데 어느 순간부터 문장을 조금 바꾸어 보기로 했다. '그땐 그럴 수밖에 없었겠지', '그때의 나는, 그 나름대로 애썼으니까.' 이렇게 말하고 나면 마음이 조금씩 풀렸다. 후회가 줄어들고, 대신 이해가 자라났다. 관찰은 실수를 밀어내는 일이 아니라, 한 발짝 물러서서 바라보는 일임을 알게 되었다. '그땐 참 힘들었지'라는 짧은 문장이 과거의 나를 구해내는 순간도 있었다.

'마음 챙김 이론(Mindfulness Theory)'은 자기비판이 '결과'에 집착할 때 마음이 쉽게 자신을 적으로 만든다고 말한다. 반대로 자기관찰은 '과정'을 보며, 실수를 학습과 성장을 위한 자료로 바꾸어 준다. 진짜 성장은 자신을 몰아붙인 끝에 오는 것이 아니라, '그때의 나를 이해해 보자'라는 태도에서 시작된다.

실수는 누구에게나 있다. 다만 누군가는 그 실수를 후회로 남기고, 누군가는 그것을 통찰로 남긴다. 두 사람의 차이는 단 한 문장일지도 모른다.

'왜 이랬을까?'가 아니라, '그땐 어떤 마음이었을까.'

마음 챙김 이론(Mindfulness Theory, 1989)

엘렌 랭어(Ellen Langer)

자기비판은 '결과'를, 자기관찰은 '과정'을 본다. 관찰의 태도를 가진 사람은 실수를 학습으로 전환하지만, 비판의 태도는 자신을 적으로 만든다. 자기 인식은 판단이 아니라 이해에서 자란다. '왜 이랬을까?'보다 '그때 나는 어땠을까?'가 더 중요하다.

실패에 대한 두려움을 줄이는 법

실패는 누구에게나 찾아온다. 다만 크기와 모양이 다를 뿐이다. 누군가에게는 드립커피가 유난히 쓰게 내려진 아침일 수도 있고, 또 다른 누군가에게는 수년간 쌓아온 노력이 한순간에 무너지는 경험일 수도 있다. 상황은 다르지만, 실패가 남기는 쓴맛은 누구에게나 비슷하게 스며든다.

나 역시 그 쓴맛을 뚜렷하게 기억한다.

아무런 경험 없이 시작했던 카페는 결국 문을 닫았다. 그 시절의 나는 하루하루가 벅찼다. 계산기를 볼 때마다 한숨이 나왔고, 좋아하던 커피 향이 오히려 가슴을 무겁게 만들었다. '이게 내 한계인가'라는 생각은 머릿속에서 좀처럼 사라지지 않았다.

그러던 어느 날, 누군가 조용히 말했다. "그건 실패가 아니라 경험이에요. 다음엔 더 잘할 수 있겠네요." 그 말이 오래 남았다. 잃은 것은 카페 하나였지만, 얻은 것은 훨씬 많았다. 사람을 대하는 법, 공간을 운영하는 감각, 그리고 무엇보다 '다시 시작할 수 있는 나'를 믿는 마음까지.

심리학자 마틴 셀리그먼(Martin Seligman)은 낙관적 사람과 비관적 사람의 차이를 이렇게 설명한다. "낙관적인 사람은 실패를 '일시적'인 사건으로 보고, 비관적인 사람은 그것을 '자기 자신'으로 본다." 다시 말해 '나는 실패했다'와 '나는 실패자다'는 전혀 다른 문장이다. 전자는 변화의 가능성을 남겨두지만, 후자는 스스로 길을 막아버린다.

나는 이 차이를 이해하는 데 시간이 조금 걸렸다. 그러나 그 사실을 깨닫고 난 뒤로 마음이 덜 흔들렸다. "이번엔 안 됐지만, 다음엔 다를 수 있겠지."

그 말이 내 안에서 천천히 힘이 되었다. 실패가 더 이상 나를 정의하지 않는다고 믿는 순간, 다시 시도할 여지가 생겼다.

'학습된 낙관주의(Learned Optimism)'는 바로 이 지점에서 시작된다. 실패를 '영구적'이나 '전면적'으로 보지 않고, 상황의 일부로 이해할 때, 사람은 다시 일어설 수 있다. 이는 단순한 긍정의 태도가 아니라, 회복을 가능하게 하는 인지적 습관이다.

지금도 커피를 내릴 때면 그 시절이 떠오른다. 물 온도가 조금 달라도, 추출 시간이 조금 어긋나도 커피 한 잔을 완벽하게 만들 수는 없다. 하지만 그 불완전함 속에서 오히려 삶의 맛이 난다.

실패는 끝이 아니라 과정이다. 우리를 무너뜨리는 것은 실패 그 자체가 아니라, 다시 시도하지 않는 마음이다. 실패를 어떻게 해석하느냐에 따라, 같은 경험도 전혀 다른 미래를 만든다.

학습된 낙관주의(Learned Optimism, 1991)

마틴 셀리그먼(Martin Seligman)

실패를 반복해도 다시 시도할 수 있는 사람은, 사건을 '일시적'이고 '통제 가능한' 것으로 본다. 낙관주의는 근거 없는 긍정이 아니라, 회복의 언어 습관이다. "이번엔 안 됐지만, 다음엔 다를 수 있다." 이 문장이 곧 회복탄력성의 시작이다.

생각의 소음을 줄이는 방법

머릿속이 쉴 날이 없다. 몸은 잠시 멈춰 있어도 생각은 연중무휴로 돌아간다. 조용한 카페에 앉아 있어도 해야 할 일, 보내지 못한 메시지, 내일의 일정, 어제의 대화가 뒤섞이며 머릿속을 가득 채운다. 특별한 사건이 없어도 피곤한 이유는 몸이 아니라 생각이 계속 달리고 있기 때문이다. 이처럼 '머릿속의 과부하'는 현대인이 가장 흔하게 겪는 마음의 피로 신호다.

그래서 나는 가끔 스스로에게 묻는다. "지금 내 머릿속은 얼마나 시끄러울까?" 이 질문 하나만으로도 마음의 소음이 조금 낮아지는 것을 느낀다. 최근, 도인들이 하루에 5분씩 '아무 생각도 하지 않는 연습'을 한다는 이야기를 들었다. 나도 따라 해보려 했지만, 눈을 감자마자 생각은 더 빠르게 몰려왔다. '이게 잘되고 있는 건가?', '오늘 점심은 뭐 먹지?' 결국 생각을 비우는 것은 나에게 어려운 일이라는 사실만 확인했다.

심리학자 대니얼 카너먼(Daniel Kahneman)은 인간의 사고 체계를 두 가지로 설명한다. 빠르고 자동으로 반응하는 시스템 1, 그리고 느리고 의식적으로 사고하는 시스템 2이다.

우리는 대부분 시스템 1의 속도에 휘말려 하루를 보낸다. 즉흥적인 판단, 미래에 대한 불안, 감정의 급한 반응도 모두 이 시스템 1의 작동이다. 생각이 빠르면 효율적일 때도 있지만, 그만큼 마음의 피로는 커진다.

그래서 나는 요즘 의도적으로 사고의 속도를 늦추는 연습을 한다. 결정을 내려야 할 때 바로 판단하지 않고 잠시 멈춰 한 박자 쉬어본다. 생각의 속도를 늦추는 것은 단순한 '느림'이 아니라, 내 생각에 내가 휘둘리지 않도록 중심을 잡는 과정이다. 이때 작동하는 시스템 2는 마음의 복잡한 실타래를 천천히 풀어주며 과도한 불안을 줄여 준다.

예전에는 빠르게 움직이는 것이 능력이라고 믿었다. 하지만 지금은 다르게 생각한다. 모든 일에는 고유한 리듬이 있고, 그 리듬을 지키는 것이 오히려 지속 가능한 힘이 된다. 생각이 너무 빠르면 마음은 뒤처지고, 마음이 뒤처지면 삶의 균형이 무너진다. 잠시 멈추고 속도를 조절하는 일은 게으름이 아니라 회복이다.

머릿속이 늘 분주한 시대에 필요한 것은 더 빠른 사고가 아니라, 나에게 맞는 속도를 되찾는 일인지도 모른다.

시스템 1·2 사고 이론(System 1 and System 2 Thinking, 2011)

대니얼 카너먼(Daniel Kahneman)

우리의 뇌는 빠른 판단(시스템 1)에 익숙해, 불필요한 불안을 만들어낸다. 하지만 잠시 멈춰 사고하는 느린 생각(시스템 2)을 활성화하면 마음의 소음이 잦아든다. 생각을 늦춘다는 건 멈춤이 아니라, 명료함을 회복하는 행위다.

실수했을 때 나를 다독이는 기술

창문에 톡톡 떨어지는 빗방울, 한 모금의 에티오피아 커피, 저녁노을, 멀리서 들려오는 웃음소리까지. 이 모든 풍경은 결국 내가 거기서 바라보고 있을 때 비로소 의미를 가진다. 그래서 '무엇을 위해 사느냐'라는 질문을 끝까지 따라 들어가 보면, 답은 의외로 단순해진다. 결국 살아가는 이유는 '나 자신'이다.

그런데도 우리는 타인에게는 관대하면서 정작 자신에게는 유난히 냉정하다. 남이 실수하면 "그럴 수도 있지"라고 말하면서, 같은 실수를 내가 했을 때는 "왜 그랬을까?"로 시작해 끝없이 자책한다. 그 말 속에는 반성보다 실망이 더 크고, 때로는 존재 자체를 깎아내리는 감정까지 뒤섞인다. 하지만 그렇게 스스로를 몰아붙인다고 해서 삶이 나아졌던 적은 거의 없다. 마음만 더 지칠 뿐이다.

심리학자 크리스틴 네프(Kristin Neff)는 '자기 자비(Self-Compassion)'를 '자신을 불쌍히 여기는 태도'가 아니라, '사람이니까 그럴 수 있다'라는 이해의 관점이라고 설명한다. 인간이라서 실수하고, 실수하기에 배운다는 아주 단순한 인식이 마음의 긴장을 조금 풀어준다. 나의 부족함을 결함이 아니라 인간다움의 일부로 인정하는 순간, 자기 비난은 서서히 힘을 잃는다.

어느 날, 거울 앞에 서서 조용히 중얼거려 본 적이 있다. "괜찮아, 오늘도 잘했어." 누가 들어주는 말이 아니었지만, 그 한마디가 하루 종일 마음속에서 잔잔하게 울렸다. 그때 알았다. 누군가의 위로를 기다리는 것보다 스스로에게 다정해지는 일이 더 깊은 치유가 될 수 있다는 것을.

자기 자비는 자신을 방치하는 것도, 과하게 감싸는 것도 아니다. '완벽하지 않아도 괜찮다'는 인간 공통의 한계를 인정하고, 고통을 판단하지 않고 바라보는 태도에서 출발한다. 그 인식이 마음을 스스로 회복의 방향으로 움직이게 한다.

사람은 누구나 넘어질 수 있다. 중요한 것은 그 순간 나를 일으켜 세워 줄 손이 꼭 타인의 손일 필요는 없다는 점이다. 내가 내게 손을 내밀어도 충분하다. "괜찮다"라는 말 한마디보다 "괜찮아질 때까지 같이 있어 줄게"라는 태도가 더 큰 위로가 될 때도 있다. 완벽함을 증명하려 애쓰기보다, 오늘 하루를 버텨낸 나에게 조용히 미소 짓는 일. 그것이 내가 배운 가장 현실적인 자기 위로의 기술이다. 오늘도 이렇게 말해보자.

"괜찮아, 오늘도 잘 살아냈어."

자기 자비 이론(Self-Compassion Theory, 2003)

크리스틴 네프(Kristin Neff)

자기 자비는 자기연민이 아니다. 자신을 위로하는 능력은 '완벽하지 않아도 괜찮다'는 인간 공통의 결함 인식에서 온다. 고통을 판단하지 않고 받아들이는 순간, 마음은 스스로 치유의 방향으로 움직인다.

나와 대화하는 습관을 기르면 좋은 이유

사람은 혼자 살아가는 것 같지만, 사실 자기 자신을 바라보는 방식조차 타인과의 상호작용 속에서 형성된다. 대니얼 카츠(Daniel Katz)와 플로이드 올포트(Floyd Allport)는 "자기 개념은 타인과의 대화를 통해 만들어진다"라고 말한다. 누군가의 말투, 표정, 반응이 조금씩 스며들어 결국 내면의 목소리가 되고, 그 목소리가 다시 나를 바라보는 기준이 된다. 그래서 자기대화는 타고나는 것이 아니라 '배워진 습관'에 가깝다.

문제는 많은 사람이 자신을 대할 때만큼은 유독 까다롭다는 점이다. 타인이 실수하면 "그럴 수도 있어"라며 쉽게 넘기면서도 같은 상황을 자신에게 적용하면 "왜 나는 항상 이럴까"라고 과하게 자책한다. 심리학에서는 이런 경향을 '내면화된 평가 체계'라고 부른다. 오랫동안 타인에게 들었던 말투가 자기비판의 언어로 변형되어 마음속에 자리 잡는 것이다. 그 결과, 자기대화가 비난에 가까운 사람은 아무 일도 없이 죄책감을 느끼고, 스스로에게 다정한 사람은 실수해도 금세 회복한다. 결국 "나에게 어떤 말을 건네는가"가 회복탄력성을 결정한다.

나 역시 한동안 머릿속에서 반복되던 문장들이 있었다. "왜 이것밖에 못해?", "다른 사람은 다 하는데 넌 왜 그래?" 익숙한 말들이었고, 한때 나를 향해 누군가가 던졌던 말이기도 했다. 하지만 시간이 지나고 보니, 그 말들은 결국 내가 나에게 가장 많이 건네던 말이었다. 자기대화는 타인의 목소리에서 시작되지만, 어느 순간부터는 내가 선택한 말투로 굳어진다.

그래서 나는 의식적으로 자기대화를 바꾸기 시작했다. "괜찮아, 이 정도면 충분해!", "오늘도 잘 버텼잖아." 처음엔 어색했다. 스스로에게 이렇게 부드럽게 말하는 일이 과한 위로처럼 느껴졌다. 그러나 이상하게도, 그 말들이 반복될수록 마음의 긴장이 조금씩 풀렸고, 분명히 같은 하루를 살아도 해석이 부드러워졌다. '자기 자비(Self-Compassion)'를 연구한 크리스틴 네프(Kristin Neff)가 말한 것처럼, 자신에게 다정한 태도는 나약함이 아니라 마음의 회복을 돕는 심리적 기술이었기 때문이다.

우리는 종종 타인에게는 너무 따뜻하고, 자신에게만 유독 냉정하다. 하지만 자기대화는 결국 '나와의 관계'를 가꾸는 일이다. 오늘 하루가 조금 버거웠다면, 이렇게 말해보자.

"그래도 잘하고 있어. 정말 잘 버텼어."

자기개념 형성 이론(Self-Concept Theory, 1930)

대니얼 카츠(Daniel Katz), 플로이드 올포트(Floyd Allport)

인간은 타인과의 대화를 통해 자신에 대한 내면의 대화를 학습한다. "나는 부족해"는 사실이 아니라, 반복된 문장의 잔향이다. 자기대화의 어조를 바꾸는 것은 자기개념을 다시 쓰는 일이다. 스스로에게 따뜻하게 말할 수 있는 사람만이 타인에게도 부드럽다.

일상에서 자기 성찰이 필요한 이유

자기 성찰이라고 하면, 보통은 깊은 산속, 고요한 방에서 스님이나 수도자가 눈을 감고 앉아 있는 모습을 떠올리기 쉽다. 그러나 성찰은 그렇게 특별한 의식이 아니다. 오히려 일상에 가깝다. 하루를 마무리하며 '오늘 나는 어떤 하루를 살았지?' 하고 조용히 묻는 순간, 그 질문 자체가 이미 성찰의 시작이다. 거창한 깨달음이 아니라, 평범한 하루를 바라보는 아주 작은 시선 전환에서 성찰은 자란다.

심리학자이자 교육학자인 도널드 쇤(Donald Schön)은 "전문가는 끊임없이 자신의 행동을 돌아보는 사람"이라고 말한다. 그는 이를 '반성적 실천(Reflective Practice)'이라 불렀다. 이 개념의 핵심은 대단한 통찰이 아니라, 일상적인 경험 속에서 배우는 습관에 있다. 우리가 그날 했던 말, 느꼈던 감정, 어떤 상황에서 보였던 태도를 잠시 되돌아보는 것만으로도, 평소에는 지나쳤던 마음의 움직임을 발견할 수 있다.

성찰은 누군가를 탓하기 위한 도구도, 잘잘못을 따지는 도덕적 잣대도 아니다. 오히려 자신을 부드럽게 관찰하는 과정이다. '그때 왜 그렇게 말했을까?', '왜 그 순간 마음이 상했을까?'라고 스스로 묻는 일은 나를 꾸짖는 행위가 아니라, 마음의 흐름을 이해하는 작업이다. 이 질문들이 쌓이면 감정에 휘둘리는 순간이 서서히 줄어들고, 비슷한 상황을 다시 만났을 때 더 차분하게 나를 선택할 수 있게 된다.

반성적 실천 이론(Reflective Practice Theory, 1983)

도널드 쉔(Donald A. Schön)

쉔은 전문성과 성장을 가능하게 하는 핵심이 '반성(reflection)'이라고 보았다. 그는 인간이 일상의 경험을 돌아보고 그 안에서 배움을 발견할 때, 진짜 변화가 일어난다고 했다. 성찰은 특별한 의식이 아니라, 자신과의 대화를 습관화하는 일이다. 그렇게 반복되는 '생각의 루틴'이 자기 이해를 깊게 만든다.

생각을 글로 적을 때 생기는 심리적 변화

글을 쓴다는 일은 생각보다 훨씬 어렵다. 머릿속에서는 분명했던 생각이 막상 손끝으로 옮기려 하면 흐려지고, 단어는 낯설어지고, 문장은 자꾸 걸린다. 그래서 지우고 다시 쓰기를 반복하다 보면 결국 아무것도 남지 않을 때도 있다. 그러나 이상하게도, 그런 과정 속에서 오히려 내 마음이 어떤 상태인지 조금 더 선명하게 보일 때가 있다.

심리학에서는 이를 '정서적 글쓰기(Emotional Writing)'라 부른다. 감정과 생각을 글로 꺼내는 순간, 뇌는 그 감정을 새로운 관점에서 재정리한다. 연구에 따르면 정서적 글쓰기는 감정의 강도를 낮추고, 스트레스를 줄이며, 복잡한 마음의 흐름을 이해 가능한 구조로 바꾸는 데 도움을 준다. 즉, 글쓰기는 결과물의 완성보다 쓰는 과정 자체가 마음을 다독이는 심리적 행위다.

나 역시 글을 쓰면서 종종 생각한다. '왜 이렇게 어려울까?' 하지만 그 질문을 멈추고, 대신 '지금 내 마음은 어떤가?'라고 물어보면 문장은 조금씩 움직이기 시작한다. 글을 쓰는 시간은 어쩌면 나와 마주 앉는 시간이다. 혼란스러웠던 감정이 문장 안에서 자리를 잡고, 잡히지 않던 생각이 의외로 간단한 단어로 정리되기도 한다.

글을 잘 쓰는 비결은 꾸준히 적는 것, 그뿐이라고 한다. 어떤 날은 문장이 술술 이어지고, 어떤 날은 한 줄도 쓰지 못할지라도, 그 반복 속에서 생각의 결이 조금씩 정제된다. 글은 하루아침에 늘지 않는다. 하지만 하루 한 줄이라도 적어 나가다 보면 어느 순간 문장 속에서 '내 생각의 목소리'가 들리기 시작한다.

글쓰기는 생각을 멋지게 표현하기 위한 기술이 아니라, 마음을 바라보는 하나의 방법이다. 오늘 단 한 줄이라도 괜찮다.

정서적 글쓰기 이론(Expressive Writing Theory, 1986)

제임스 페니베이커(James W. Pennebaker)

페니베이커는 감정과 경험을 글로 표현하는 과정이 심리적 치유를 가져온다고 보았다. 글쓰기는 감정을 언어로 구조화함으로써 내면의 혼란을 정리하고, 자기이해를 깊게 만든다. 글을 쓰는 행위는 단순한 표현이 아니라 '마음의 명료화 과정'이다. 꾸준한 글쓰기가 자아통합과 회복탄력성을 높인다.

감정이 기억의 여부를 결정하는 이유

오래된 카페에 들어섰을 때였다. 문을 여는 순간, 볶은 원두 냄새가 공기를 가득 채웠다. 그 향이 나를 순식간에 몇 년 전 여름으로 데려갔다. 좋아하던 사람이 웃으며 커피를 건네던 장면, 창가에 떨어지던 햇살과 잔잔한 웃음소리, 그날 하루를 통째로 감싸던 설렘까지. 오래전 풍경이 마치 오늘 일처럼 선명하게 떠올랐다.

그때 깨달았다. 기억은 단순히 '무슨 일이 있었는가?'가 아니라, '그때 내가 어떻게 느꼈는가?' 하는 감정의 기록이라는 것을.

심리학자 조지프 르두(Joseph LeDoux)는 감정이 기억을 어떻게 강화하는지 연구했다. 그는 강한 감정 자극이 들어올 때, 뇌의 편도체가 활성화되며 그 경험을 '쉽게 지워지지 않는 기억'으로 저장한다고 설명한다. 기쁨이든 슬픔이든 감정의 진폭이 클수록 그 순간은 더 깊게 각인된다. 그래서 어떤 사람은 시험 날 아침 먹었던 메뉴까지 기억하고, 어떤 사람은 이별하던 날의 날씨와 그때 들리던 노래를 잊지 못한다. 사실 우리는 사건 자체보다 그때의 감정에 더 오래 붙잡혀 있는 셈이다.

특히 후각은 감정의 뇌라 불리는 편도체와 가장 직접적으로 연결되어 있다. 그래서 향기 하나만으로도 오래전 기억이 한순간에 되살아난다. 카페 문을 열었을 때의 원두 향처럼, 비 오는 날의 흙냄새, 특정 샴푸나 향수의 냄새가 우리를 순식간에 과거로 데려간다. 그때 느꼈던 따뜻함, 설렘, 서운함, 혹은 아릿한 슬픔까지-감정이 통째로 현재형으로 소환된다.

결국 우리가 오래 간직하는 것은 사건 자체가 아니라 그때의 분위기와 마음이다. 지우고 싶을 만큼 아픈 기억도, 두고두고 꺼내 보고 싶은 따뜻한 기억도, 그 중심에는 언제나 감정이 있다. 어쩌면 우리가 여전히 어떤 순간을 떠올릴 수 있다는 것은, 그때의 '나'를 아직도 소중히 여기고 있다는 증거일지 모른다.

정서적 기억 이론(Emotional Memory Theory, 1996)

조지프 르두(Joseph LeDoux)

르두는 감정과 기억이 뇌의 편도체(amygdala)를 통해 밀접하게 연결되어 있다고 설명했다. 감정이 강하게 작용한 경험은 편도체의 활성으로 인해 더 오래, 더 선명하게 저장된다. 즉, 기억은 단순한 사실의 기록이 아니라, 감정이 입힌 흔적이다. 특히 후각은 편도체와 직접 연결되어 있어 향기 하나만으로도 과거의 감정이 즉시 되살아난다.

지금, 이 순간 내가 진정으로 원하는 것을 알아차리는 힘

삶이 복잡해질수록 우리가 진짜로 바라는 것은 의외로 단순해진다. 겉으로는 명예, 성공, 사랑, 안정 같은 거창한 단어를 좇는 듯 보이지만, 그 이면에는 작고 조용한 결핍이 숨어 있다. 남들이 보기에는 아무 의미 없어 보일지 몰라도, 마음 깊은 곳에서는 바로 그 사소함을 향해 손을 뻗는다. 이는 인간이 언제나 '지금, 이 순간의 결핍'을 채우려는 존재이기 때문이다.

아브라함 매슬로우(Abraham H. Maslow)는 인간의 욕구를 단계적 구조로 설명하며, 생리적 욕구에서 자아실현까지 이어지는 위계를 제시했다. 하지만 이 이론의 핵심은 결국 하나의 질문으로 압축된다. "지금, 이 순간 내가 정말 원하는 것은 무엇인가?" 이는 인간이 욕구를 정해진 순서대로 오르는 존재라기보다 상황과 감정에 따라 다른 층위를 오르내리는 존재임을 보여준다. 실제로 일상의 많은 순간에서 우리가 느끼는 위안은 큰 성취나 사회적 인정에서 오지 않는다.

따뜻한 말 한마디가 마음을 깊이 감싸줄 때가 있고, 아무에게도 방해받지 않는 작은 공간이 긴 하루의 균형을 잡아줄 때가 있으며, 아무 이유 없이 터지는 작은 웃음이 긴장과 염려를 단번에 녹여낼 때가 있다. 이런 경험들은 단순해 보이지만, 심리적 안전감과 정서적 회복이라는 인간의 본질적 욕구를 강하게 충족시키는 요소다. 그래서 때로는 성취보다 휴식이, 인정보다 안정이 더 큰 의미로 다가온다.

흥미로운 점은 매슬로우 자신도 말년에 욕구가 '계단'처럼 고정된 구조가 아니라, 흐르듯 움직이는 것이라고 정리했다는 사실이다. 즉, 우리는 정해진 단계의 규칙을 따라 사는 존재가 아니라, 순간마다 마음이 절실히 필요로 하는 것을 통해 균형을 되찾는 존재다. 어떤 날은 관계의 온기가 필요하고, 또 어떤 날은 조용한 고독이 필요하다.

결국 삶의 지혜는 "무엇을 더 이룰까?"를 고민하는 데 있지 않다. 오히려 "지금, 이 순간 내 마음이 정말 원하는 게 뭘까?"를 묻는 데서 출발한다. 이 질문이 명확해지는 순간, 삶의 속도와 방향도 자연스럽게 정돈된다.

욕구 위계 이론(Hierarchy of Needs Theory, 1943)

아브라함 매슬로우(Abraham H. Maslow)

매슬로우는 인간의 욕구를 다섯 단계로 나누어 설명했다. 생리적 욕구, 안전의 욕구, 사회적 관계의 욕구, 존중의 욕구, 그리고 자아실현의 욕구. 하지만 그는 말년에 이 욕구들이 단순히 '단계적으로' 충족되는 것이 아니라, 지금, 이 순간 내가 진짜로 필요로 하는 것을 인식할 때 행복과 평온이 찾아온다고 했다. 즉, 인간의 성장은 거창한 목표가 아니라 '지금 마음의 결핍'을 알아차리는 데서 시작된다.

감정을 '나'와 분리할 수 있는 능력이 주는 효과

감정은 흔히 '나 자신'과 동일한 것으로 여겨진다. 화가 나면 내가 나쁜 사람처럼 느껴지고, 불안이 올라오면 내가 불안정한 존재가 된 것 같고, 슬픔이 깊어지는 날에는 내 전체가 어두워진 사람처럼 느껴지기도 한다. 우리는 감정이 곧 '나'라고 믿는 순간, 그 감정에 완전히 잠식된다. 그러나 한 걸음만 떨어져 보면 전혀 다른 장면이 보인다. '아, 이것은 내가 느끼는 감정이지, 나 자체는 아니구나!' 이 깨달음이 바로 심리학에서 말하는 '탈동일화(Decentering)'의 핵심이다.

탈동일화란 마음속에서 일어나는 감정을 그대로 따라가는 대신 한 발짝 떨어져 바라보는 태도다. 마치 무대에서 감정이 연기를 하고, 나는 객석에서 그 장면을 지켜보는 관객처럼 머무르는 것이다. 자리를 옮기는 것만으로도 감정의 의미가 달라진다. 불안은 지금 준비해야 할 일이 있다는 신호처럼 느껴지고, 슬픔은 그만큼 소중하다는 마음의 흔적으로 보이며, 분노조차 여기는 너의 경계가 필요하다는 메시지로 다가온다. 감정은 여전히 일어나지만 더 이상 나를 휘두르지 않는다.

심리학자들은 감정을 조절하는 가장 효과적인 방법의 하나로 '관찰자의 시선'을 제시한다. 감정과 동일시될 때 마음은 흔들리지만, 관찰자로 서 있을 때 감정은 흐르는 경험으로 바뀐다. 이때 중요한 것은 감정을 없애려는 노력이 아니라 감정을 있는 그대로 바라보는 연습이다. 감정을 억누르면 오히려 더 강해지지만, 감정에게 "지금 너를 보고 있어"라고 말하는 순간, 감정은 조용히 온도를 낮춘다.

이 능력이 생기면 삶은 훨씬 부드러워진다. 불안이 밀려와도 '불안이 왔구나.' 하며 잠시 숨을 고를 수 있고, 슬픔이 찾아와도 '지금은 슬픈 시기구나.' 하며 스스로를 다정하게 안아줄 수 있다. 감정을 대하는 방식이 달라지면, 마음의 파도는 여전히 치지만 나는 그 파도에 휩쓸리지 않는다.

그리고 어느 순간, 감정에 끌려다니던 내가 아니라 감정을 다루는 내가 모습을 드러낸다. 그때 우리는 비로소 말할 수 있다.

"감정은 나를 스치는 하나의 경험일 뿐, 나의 전부는 아니다."

이 단순한 깨달음은 삶을 덜 흔들리게 만들고 마음을 더 평온하게 한다. 감정은 지나가지만, 나는 여전히 그 자리에 남아 내 삶을 묵묵히 살아간다.

마음 챙김 기반 인지치료(MBCT, 2002)

마크 윌리엄스(Mark Williams), 존 티즈데일(John Teasdale),
진 세갈(Zindel Segal)

탈동일화는 자신의 감정·생각·반응을 곧바로 '나'와 동일시하지 않고 조금 떨어진 자리에서 관찰하는 심리적 능력을 말한다. 이는 감정을 억누르는 것도, 회피하는 것도 아니라 "나는 지금 이런 감정을 느끼고 있구나!" 하고 바라보는 태도다. 이 거리가 생기는 순간, 감정은 나를 휘두르는 힘을 잃고 내가 감정을 다룰 수 있는 여유가 생긴다.

3장

관계의 심리학

(What We Keep Between Us)

침묵은 배려일까 단절의 시작일까?

오해가 완전히 사라진 세상은 존재하지 않을 것이다. 우리는 매일 수많은 해석과 추측, 그리고 말하지 않은 감정들 속에서 살아간다. 그도 그럴 것이 감정이란 애초에 언어로 완벽하게 옮겨지지 않는다. 같은 단어를 써도 그 온도는 사람마다 다르고, 같은 표정을 보아도 그 의미는 제각각이다.

나 역시 감정을 쉽게 말하지 않는 편이었다. 속상해도 혼자 삼키고, 기뻐도 조용히 마음속에만 담아두곤 했다. "그걸 꼭 말해야 알아?" 한때는 그렇게 생각했다. 하지만 시간이 지나면서 분명하게 깨달았다. 말하지 않으면, 정말 모른다는 사실을.

심리학자 폴 바츨라비크(Paul Watzlawick)는 "사람은 침묵 속에서도 끊임없이 의사소통을 한다"고 말한다. 말하지 않아도 우리는 늘 어떤 신호를 보낸다. 짧은 눈빛, 대화의 톤, 고개를 돌리는 방향, 멈칫하는 침묵까지 메시지다. 문제는 그 신호를 상대가 각자의 방식으로 해석한다는 점이다. 그 해석의 차이가 바로 오해의 출발점이 된다.

나도 오랫동안 침묵을 배려라고 믿었다. 불편하게 만들지 않으려고, 불필요한 말을 줄이려고, 감정을 접어두면 관계가 부드러워질 것으로 생각했다. 그러나 돌아보면 그것은 배려가 아니라 거리였다. 감정을 말하지 않는다고 사라지는 것이 아니다. 감정은 모양을 바꿔 남는다. 말하지 못한 서운함은 냉랭함으로, 표현되지 않은 불안은 짜증으로 변해 다시 관계로 돌아온다.

그래서 요즘은 조금 다르게 해본다.

"그 말이 좀 서운했어."

"지금은 혼자 있고 싶어."

이런 문장을 꺼내는 일이 예전에는 어려웠지만, 막상 말해보면 관계는 오히려 더 단단해진다. 솔직함은 관계를 깨뜨리는 칼이 아니라, 다시 숨 쉬게 하는 산소에 가깝다. 감정이 말로 전달되는 순간, 그제야 상대는 내 마음의 위치를 정확히 이해할 수 있다.

오늘, 누군가에게 하고 싶었던 말이 있다면 천천히 꺼내 보자. 말하지 않으면, 오해가 대신 말을 시작한다.

의사소통 이론(Communication Theory, 1967)

폴 바츨라비크(Paul Watzlawick)

사람은 '말하지 않아도' 의사소통한다. 침묵, 회피, 표정 하나에도 메시지가 담겨 있다. 감정을 숨기는 건 대화를 멈추는 게 아니라, 오해를 키우는 또 다른 방식이다. 침묵은 때로는 존중이지만, 반복될 때는 단절의 시작이 된다.

지금의 관계를 붙잡을지, 잠시 내려놓을지 판단하는 기술

어떤 관계는 붙잡는 것이 용기일 때가 있고, 어떤 관계는 놓는 것이 더 큰 용기일 때가 있다. 그러나 대부분 사람은 '놓는 일'에 훨씬 더 어려움을 느낀다. 끝을 인정하는 순간은 단순한 단절이 아니라, 과거의 감정과 시간까지 함께 정리해야 하는 과정이기 때문이다. 그래서 우리는 종종 지속이 곧 사랑이라고 믿지만, 실제로는 끝을 아는 결정 또한 성숙한 애정의 한 형태일 수 있다.

심리학자 캐럴 러스볼트(Carol Rusbult)는 '관계투자모델(Investment Model)'을 통해 왜 어떤 관계는 분명히 힘든 데도 끝내지 못하는지 설명한다. 그녀는 관계의 지속 여부를 결정하는 요소로 만족도, 투자량 그리고 대안의 매력도라는 세 가지를 제시했다. 이 중 투자량은 관계에 쏟아온 시간, 감정, 노력, 희생 등을 의미한다. 문제는 만족도가 낮아져도 투자량이 많을수록 사람들은 관계를 끝내는 결정을 더 어려워한다는 점이다. 이는 사랑이라기보다 "잃는 것에 대한 두려움", 즉 손실회피 심리의 영향에 가깝다.

일상에서도 이러한 심리는 쉽게 발견된다. 오래된 친구와의 관계가 예전만큼 편안하지 않아도, "그래도 이만큼 함께했는데"라는 이유로 관계를 유지하려 한다. 연인 관계에서도, 더 이상 서로에게 좋은 감정을 주지 못하는데도 "이제 와서 끝내는 건 너무 아깝잖아"라는 마음이 결정을 가로막는다. 그러나 이 말 속에는 "지금의 나보다 과거의 나를 더 우선하겠다"는 의미가 숨어 있다. 즉, 현재의 만족과 미래의 행복보다 이미 들어간 감정과 시간을 더 중요하게 여기는 것이다.

관계의 지속 이유가 '여전히 사랑해서'가 아니라 '그동안 쌓아온 것이 아까워서'라면, 그 관계는 이미 정서적 의미를 잃어가고 있는지도 모른다. 사람과의 관계는 숫자처럼 계산될 수 없지만, 우리가 무의식적으로 가장 많이 하는 계산이 바로 이런 심리적 투자 회수다. 물론 끝내는 일이 반드시 정답인 것도 아니고, 모든 관계가 쉽게 정리될 수 있는 것도 아니다. 그러나 중요한 것은 "얼마나 오래 버텼는가?"가 아니라, "지금의 나와 이 관계가 서로를 존중하고 성장시키고 있는가?"라는 질문에 솔직해지는 일이다.

관계투자모델(Investment Model, 1980)

캐럴 러스볼트(Caryl E. Rusbult)

관계의 지속 여부는 만족도, 투자량, 대안의 매력도 세 가지에 의해 결정된다. 오래된 관계일수록 '투자'가 크기에, 만족이 줄어도 쉽게 끊기 어렵다. 그러나 진짜 성숙한 결심은 '얼마나 오래 버티는가'가 아니라, '무엇을 존중하는가'에 있다.

친밀함의 속도도 조절이 필요한 이유

지구가 태양을 도는 거리는 적당해야 한다. 너무 가까우면 불타고, 너무 멀어지면 얼어붙는다. 달과 지구의 거리도 그렇다. 달이 가까울수록 밤이 밝아 좋을 것 같지만, 너무 가까워지면 조수간만의 차가 매우 커져 해안 지역에 대규모 침수 피해가 발생하고, 지진이 잦아지고 화산 폭발 가능성도 커진다. 사람 관계도 비슷하다. 너무 빨리 붙으면 금세 타버리고, 너무 멀어지면 마음이 닿지 않는다. 결국 중요한 건 서로에게 맞는 '적당한 거리'를 찾아가는 일이다.

사람은 누구나 연결을 원한다. 그래서 어떤 관계는 시작부터 속도가 붙는다. 몇 번 대화를 나눴을 뿐인데, 서로를 다 안 것처럼 느끼고 감정이 앞서나간다. 그 순간의 온도는 뜨겁지만, 그런 관계일수록 오래 버티지 못한다. 조금 속도를 늦추고 서로의 리듬을 존중할 때 관계는 천천히, 그러나 깊게 자리 잡는다.

심리학자 어윈 알트먼(Irwin Altman)과 달마스 테일러(Dalmas Taylor)는 인간관계를 양파껍질에 비유했다. 한 번에 벗겨내는 것이 아니라, 겹겹이 쌓인 껍질을 서서히 드러내는 구조라는 것이다. '자기 노출(Self-Disclosure)'이란 모든 것을 한꺼번에 털어놓는 일이 아니라, 시간이 쌓이고 신뢰가 자라면서 차례대로 나를 보여주는 과정이다. 조급함은 관계의 깊이를 빼앗고, 적당한 속도 조절은 서로를 더 안전하게 만든다.

그래서 진짜 용기는 마음을 한 번에 다 여는 데 있지 않다. 필요한 만큼만, 그때그때 솔직해지는 여유에 가깝다. 침묵이 흘러도 불편하지 않고, 함께 있어도 각자의 생각에 잠길 수 있다면 이미 충분히 가까운 사이다. 말이 많지 않아도, 그 적당한 거리가 관계를 오래 버티게 만든다.

관계는 결국 거리의 예술이다. 너무 가까우면 서로의 온도에 지치고, 너무 멀면 그 온기를 잃는다. 천천히, 그러나 꾸준히 다가갈 수 있을 때 우리는 비로소 묻게 된다.

"지금 이 거리는, 서로에게 편안한가?"

자기 노출 이론(Social Penetration Theory, 1973)

어윈 알트먼(Irwin Altman), 달마스 테일러(Dalmas Taylor)

관계는 양파껍질처럼, 서서히 벗겨질 때 깊어진다. 빠른 친밀감은 감정의 깊이가 아니라 결핍의 속도다. 진짜 친밀함은 '공유의 양'이 아니라 '공유의 속도'에 있다. 천천히 드러내는 용기가 관계를 오래가게 만든다.

과한 배려가 오히려 외로움을 만드는 이유

마음에는 분명 온도가 있다. 따뜻해야 관계가 이어지지만, 너무 뜨거워지면 오래 버티지 못한다. 누군가를 돕고, 듣고, 맞춰주다 보면 어느 순간 숨이 차고 지치는 이유도 여기에 있다. 좋은 마음으로 시작했는데 정작 내 마음이 가장 뒤로 밀려나 있는 상태-우리는 이를 종종 '착함'이라고 부르지만, 심리학에서는 다른 이름을 붙인다.

심리학자 찰스 피글리(Charles Figley)는 이런 현상을 공감 피로(Empathy Fatigue)라고 설명했다. 타인의 감정에 깊이 빠져드는 시간이 길어질수록 내 감정이 설 자리가 줄어든다는 것이다. 공감은 분명 서로를 잇는 다리이지만, 그 다리 위에서 상대의 무게까지 떠안고 오래 서 있으면 결국 먼저 무너지는 쪽은 나다.

많은 사람이 오해한다. '상대가 힘들다면 나도 함께 힘들어해야 진짜 공감이다'라고. 하지만 피글리는 말한다. 공감은 나를 비우는 것이 아니라 나를 잃지 않는 선에서 머무는 일이라고. 누군가의 슬픔을 함께 느끼는 건 따뜻한 마음의 증거지만, 그 슬픔을 대신 짊어지는 건 사랑이 아니라 자기 소모에 가깝다. 감정의 경계를 잃을 때 마음의 온도는 서서히 식어가고, 결국 나도 상대도 지치게 된다.

그래서 요즘 나는 '들어주는 사람'보다 '머무를 줄 아는 사람'이 되려고 한다. 상대의 말을 천천히 들으면서도 내 안의 여백을 남겨두는 일, 즉 나의 감정이 흐를 공간을 확보해 두는 연습이다. 상대의 고통을 덜어주고 싶은 마음은 그대로 두되, 그 감정이 내 안에 고스란히 침투해 나를 잠식하지 않도록 선을 세우는 일이다.

마음의 온도를 지키기 위해서라도 우리는 여백을 마련해야 한다. 그 여백이 있어야 다시 따뜻해지고, 그 따뜻함이 있어야 관계도 오래 유지된다.

공감 피로 이론(Empathy Fatigue Theory, 1995)

찰스 피글리(Charles Figley)

타인의 감정에 과하게 몰입하면, 자신이 점점 사라진다. 공감은 관계의 다리지만, 과한 공감은 자신을 잃게 만든다. 타인의 고통을 덜어주려다 내 마음이 고갈된다면, 그건 사랑이 아니라 희생이다. 공감의 균형은 나를 지키는 일에서 시작된다.

명확한 거절이 오히려 관계를 더 건강하게 만드는 이유

거절에는 분명 기술이 필요하다. 많은 사람은 '거절'이라는 단어 앞에서 쉽게 주저한다. 관계가 멀어질까 봐, 상대가 상처받을까 봐, 혹은 예의 없는 사람으로 보일까 봐 두려워한다. 그래서 결국 자신을 희생하는 선택을 반복하게 된다. 그러나 그런 선택이 언제나 좋은 관계를 만드는 것은 아니다. 좋은 마음으로 시작된 관계가 오히려 서운함으로 끝나는 경우가 더 많다. 거절하지 못한 채 쌓인 피로와 억울함은 어느 순간 감정의 단절로 이어진다.

심리학자 헨리 클라우드(Henry Cloud)는 "건강한 관계의 핵심은 친밀함이 아니라 명확함이다"라고 말한다. 그의 '경계 설정 이론(Boundary Theory)'은 관계를 지키는 가장 중요한 요소가 '어디까지가 나이고, 어디부터가 상대인지'를 분명히 하는 일이라고 설명한다. 경계는 차갑게 벽을 세우는 일이 아니라, 서로의 감정을 건강한 거리에서 보호해주는 선이다.

거절의 기술은 말투가 아니라 태도에서 시작된다. 많은 사람이 "미안하지만…"으로 시작해 관계를 잃지 않으려 노력하지만, 그 문장에는 죄책감이 깔려 있다. 반면 "고마워, 하지만…"으로 시작하면 상대에 대한 존중을 유지하면서도 자기 입장을 명확히 전달할 수 있다. 단호함과 따뜻함은 공존할 수 있고, 그 균형이 관계의 온도를 결정한다.

좋은 관계는 모든 부탁을 들어주는 데서 생기지 않는다. 서로의 한계를 인정하고, 각자의 마음을 지킬 수 있는 여유를 남겨둘 때 비로소 지속된다. 거절하지 못하면 결국 마음속 여백이 사라지고, 여백이 사라진 관계는 숨 쉴 공간이 없어 금세 지쳐버린다.

경계 설정 이론(Boundary Theory, 1995)

헨리 클라우드(Henry Cloud)

건강한 관계는 친밀함보다 '명확함'에서 비롯된다. 거절은 냉정함이 아니라, 관계를 지키는 기술이다. "미안하지만"보다 "고마워, 하지만"이라는 문장은 관계를 단절하지 않고 지켜낸다. 진짜 배려는 솔직함 안에 있다.

싸움 이후의 관계를 지키는 기술

싸움을 피하는 것이 익숙한 사람도 있고, 싸움을 통해서만 마음이 풀리는 사람도 있다. 나는 지금까지 전자에 가까웠다. 가족이든 친구든 불편한 일이 생기면 "시간이 지나면 괜찮아지겠지"라고 넘기는 방식으로 관계를 유지해 왔다. 나름의 평화 유지 전략이었지만, 시간이 흐를수록 한 가지 사실을 알게 되었다. 갈등을 피하는 것만으로는 관계가 건강해지지 않는다는 점이다. 감정은 시간이 지나면 옅어질 수 있지만, 이해되지 않은 감정은 또 다른 오해로 모습을 바꾼다.

심리학자 존 고트먼(John Gottman)은 "관계를 무너뜨리는 건 갈등이 아니라 감정의 무시"라고 말한다. 즉, 싸움 자체가 문제가 아니라 싸움 이후의 태도가 관계의 방향을 결정한다는 것이다. 갈등 뒤에 찾아오는 침묵, 서로가 먼저 마음을 열지 않는 시간, 이 모든 것이 감정의 틈을 더 넓힌다. 대부분 사람은 '이기는 싸움'을 추구하지만, 관계를 지키는 것은 '다시 말할 수 있는 용기'다. "그때는 내가 화가 났어", "그건 조금 서운했어"와 같은 짧은 문장이 때로는 긴 침묵보다 훨씬 강한 힘을 가진다.

고트먼의 '감정 코칭 이론(Emotion Coaching Theory)'은 감정을 판단하지 않고 있는 그대로 인정하는 대화법을 제시한다. "그럴 수도 있겠네", "너로선 그렇게 느꼈구나!"라는 말은 상대를 이기기 위한 주장이 아니라, 감정의 뿌리를 함께 바라보는 태도다. 감정은 설득하려 들 때 굳어지고, 이해하려 다가갈 때 비로소 움직인다.

싸움을 피한다고 평화가 오는 것은 아니다. 오히려 감정을 외면할수록 마음의 거리는 더 멀어진다. 침묵이 이해를 만들지 못하고, 회피가 관계를 지켜주지도 않는다. 오해는 말하지 않을 때 자라고, 감정은 인정받을 때 비로소 가라앉는다.

어쩌면 싸움은 관계의 끝이 아니라 서로의 온도를 다시 맞추는 과정일지 모른다. 중요한 건 갈등이 아니라 그 뒤의 한마디다. 감정을 마주하고 말을 건넬 때, 싸움은 상처가 아니라 이해로 남는다. 관계를 지키는 것은 침묵이 아니라, 용기 있는 대화다.

감정 코칭 이론(Emotion Coaching Theory, 1997)

존 고트먼(John Gottman)

관계의 질은 싸움의 횟수가 아니라, 싸움 후의 태도로 결정된다. 분노를 피하기보다, 감정을 이해하는 대화가 회복을 만든다. 고트먼은 "관계를 망치는 건 갈등이 아니라, 감정의 무시"라고 말한다. 감정은 싸움의 도구가 아니라, 관계의 언어다.

성숙한 이별이 서로에게 필요한 이유

새로운 관계를 시작하는 일은 설렘이 필요하고, 관계를 지속하는 일은 꾸준함이 필요하다. 그러나 관계를 아름답게 끝내는 일에는 그보다 더 많은 성숙함이 요구된다. 관계의 온도는 시작이 아니라 마무리에서 드러난다. 더는 이어지지 않아도 마지막 인사를 건넬 수 있다면, 그것만으로도 관계는 하나의 완성에 닿는다. 우리는 누군가의 '사라짐'보다 마지막에 남긴 말과 태도를 오래 기억하며 살아간다.

하지만 오늘의 관계 문화는 점점 다른 방향으로 흐르고 있다. 예고 없는 단절, 설명 없는 침묵, 이유 없이 사라지는 사람들. 이른바 '고스팅(ghosting)'은 이제 낯설지 않은 말이 되었고, 자연스러운 이별처럼 포장되기도 한다. 그러다 보니 관계를 끝내는 방식에서 대화의 자리는 점점 좁아지고 있다.

애착 이론 연구자 메리 메인(Mary Main)은 고스팅을 감정의 문제가 아니라 '애착의 문제'라고 설명한다. 특히 회피형 애착을 가진 사람은 불편한 감정이나 대면 상황을 마주하기보다 그 자리에서 조용히 사라지는 방식을 선택하기 쉽다. 차갑게 보이지만, 사실은 감정을 다루는 기술이 부족한 상태다. 미안하다는 말, 고마웠다는 말, 혹은 짧은 설명 한 문장이 버거워 침묵으로 대신하는 것이다.

문제는 그 빈자리를 남겨진 사람이 감당해야 한다는 점이다. "내가 뭘 잘못했을까?", "무슨 일이 있었던 걸까?"라는 고민은 곧 자기 의심으로 이어지고, 이 상처는 다시 새로운 관계에서의 불안으로 확장되기도 한다. 고스팅은 단순한 단절이 아니라, 서로의 감정을 제대로 마주하지 못한 채 애착의 불안을 반복하는 결과다.

관계를 끝낸다는 건 단순히 떠나는 일이 아니다. 함께했던 순간을 정리하고, 서로의 마음을 존중하며 다음을 향해 나아가는 과정이다. 짧은 인사나 한 문장의 고마움만으로도 이별은 훨씬 덜 아프고, 관계는 깔끔하게 마무리될 수 있다.

누군가와 더는 이어지지 않아도 사라지지 않고 남아 말할 수 있다면, 그것은 이미 성숙한 이별이다. 삶은 결국 '사라짐'이 아니라 '마지막 말'을 기억하며 흘러가기 때문이다.

애착 이론(Attachment Theory, 1986)

메리 메인(Mary Main)

고스팅(ghosting)은 회피형 애착의 전형적 행동이다. 불편한 감정을 감당하지 못해 관계를 '사라짐'으로 끝내는 것이다. 단절은 무관심이 아니라 불안을 피하려는 방어다. 사라지는 사람도, 남겨진 사람도 결국 '애착의 방식'을 배우지 못한 이들이다.

관계에도 공간과 여백이 필요하다

'적당히'라는 말은 단순해 보이지만, 관계에 적용하려 하면 가장 어려운 기술이 된다. 사람 사이의 간격은 너무 가까우면 부담이 되고, 너무 멀어지면 금세 식어버린다. 우리는 언제 다가서야 하고, 언제 물러서야 하는지를 배우며 관계를 유지한다. 이 미묘한 간격의 감각이 관계의 편안함을 결정짓는다. 문화인류학자 에드워드 홀은 이를 '공간 심리학(Proxemics)'으로 설명했다. 그는 인간에게는 보이지 않는 '심리적 거리'가 존재하며, 이 거리를 통해 안정과 불안을 동시에 경험한다고 했다. 타인이 너무 가까이 오면 무의식적으로 경계심이 올라가고, 지나치게 멀어지면 관계가 위태롭게 느껴지는 이유다. 물리적 공간의 법칙처럼, 인간관계에도 적정 거리가 있다.

해와 거리가 지금처럼 유지되기 때문에 지구의 온도가 안정되듯, 사람 사이에도 유지되어야 할 온도가 있다. 조금만 가까워도 금세 타버리고, 조금만 멀어져도 얼어붙는 마음. 결국 오래가는 관계는 '열정의 속도'가 아니라 '거리의 균형'으로 유지된다.

나도 예전에는 관계를 오래 유지하기 위해선 무조건 가까워야 한다고 믿었다. 하지만 시간이 흐르면서 깨달았다. 관계에는 여백이 필요하다는 사실을. 여백은 무관심이 아니라 존중의 다른 표현이다. 함께 있어도 각자의 시간을 침범하지 않고, 연락이 잠시 줄어들어도 마음의 온도는 변하지 않는 관계. 이 조용한 편안함이야말로 성숙한 연결의 형태다.

관계는 고정된 것이 아니라 조절하는 기술이다. 때로는 한발 다가서며 마음을 열어야 하고, 때로는 반 발 물러서며 서로의 숨을 지켜줘야 한다. 이 리듬이 맞을 때 관계는 숨 쉬고, 두 사람은 오래 머무른다.

가까움이 꼭 좋은 것도 아니고, 거리감이 꼭 나쁜 것도 아니다. 서로를 오래 보기 위해 조금 떨어져서 있을 줄 아는 마음. 그 적당한 거리 안에서 우리는 비로소 편안하게 함께 머무를 수 있다.

공간 심리학(Proxemics, 1966)

에드워드 홀(Edward T. Hall)

인간관계에는 물리적 거리뿐 아니라, 심리적 거리도 존재한다. 너무 가까우면 숨이 막히고, 너무 멀면 식어버린다. 여백은 단절이 아니라 호흡이다. 거리를 둔다는 건 멀어지는 게 아니라, 오래 보기 위한 선택이다.

혼자 있는 시간도 관계의 일부이다

나이가 들수록 혼자 있는 연습을 해야 한다고들 말한다. 그런데 프리랜서로 오래 지내온 나는 그 연습이 이미 몸에 배었다. 혼자 일하고, 혼자 결정하고, 혼자 버티는 일이 익숙하다. 오히려 가끔은 이런 생각이 든다. '이렇게까지 혼자 있어도 괜찮은 걸까.' 고요한 시간이 많을수록 문득 그런 질문이 떠오른다.

혼자 있는 시간은 겉으로 보기엔 조용하지만, 그 안에서는 오히려 마음의 소음이 또렷해진다. 무엇에 지쳤는지, 누구에게 서운했는지, 어떤 말에 마음이 다쳤는지를 비로소 마주하게 된다. 사람들 사이에서 분주할 때는 미처 알아차리지 못했던 감정들이, 혼자 있을 때 슬며시 고개를 든다. 그래서 어떤 이에게는 혼자 있는 시간이 더 버겁게 느껴지기도 한다. 고요 속에서 오래 미뤄둔 마음이 말을 걸어오기 때문이다.

심리학자 하인츠 코헛(Heinz Kohut)은 인간이 타인과의 관계에 앞서 먼저 '자기(self)'와 관계를 맺어야 한다고 보았다. 자기 심리학은 우리가 자신을 어떻게 바라보고 돌보는지에 따라 세상과 맺는 관계의 방식이 달라진다고 말한다. 타인에게 받은 상처도 결국 자기와의 대화 속에서 다시 해석되고 의미를 얻는다. 혼자 있는 시간이 길어질수록, 우리는 '왜 그때 그렇게 아팠는지', '지금 나는 무엇을 두려워하는지'를 조금 더 솔직하게 들여다볼 수 있다. 이 순간 혼자 있음은 외로움이 아니라 회복의 공간이 된다.

많은 사람이 관계를 곧장 타인과의 일로만 생각한다. 그러나 사실 관계의 출발선은 늘 자기 자신 쪽에 가깝다. 내가 어떤 마음으로 살아가고 있는지 모르면, 타인의 마음에도 끝내 깊이 닿기 어렵다. 나를 이해하지 못한 채 남을 이해하려 하면, 어느 순간 설명하기 힘든 공허함이 찾아온다. 그래서 때로는 사람들 사이에서 애쓰며 버티는 것보다, 잠시 물러나 나와 마주 앉는 시간이 필요하다.

자기 심리학(Self Psychology, 1971)

하인츠 코헛(Heinz Kohut)

코헛은 '자기와의 관계'를 인간 발달의 중심에 두었다. 그는 인간이 타인과의 관계 이전에 '자기(self)'와의 관계를 통해 안정감을 형성한다고 보았다. 혼자 있는 시간은 자기 대화를 가능하게 하며, 자기대상이 결핍된 외로움이 아니라 자기와의 친밀감을 회복하는 과정이다. 진정한 관계는 타인보다 먼저 자기 자신과 맺는 관계에서 시작된다.

나이 들수록 친구가 줄어도 괜찮은 이유

어릴 적에는 친구가 많을수록 좋다고 믿었다. 생일 파티에 몇 명을 초대했는지가 곧 인기의 지표였고, 연락처에 저장된 이름이 늘어날수록 마음이 든든해졌다. 사람을 많이 알고 있다는 사실 자체가 일종의 안전망처럼 느껴지던 시기였다. 하지만 시간이 흐르면서 숫자의 의미는 점점 줄어들었다. 연락처는 그대로인데 정작 연락하는 사람은 손에 꼽히기 시작했다. 관계의 폭보다 깊이가 더 중요한 시기가 온 것이다.

진화심리학자 로빈 던바(Robin Dunbar)는 인간이 유지할 수 있는 사회적 관계의 수에는 인지적 한계가 있다고 주장했다. 이른바 '던바의 수(Dunbar's Number)'다. 그는 인간이 감정적으로 연결되어 관계를 유지할 수 있는 범위가 평균 5~15명에 불과하다고 설명한다. 이 이상을 넘어가면 관계의 질은 자연스럽게 옅어지고, 친밀함도 희미해진다. 우리의 뇌 용량, 정서적 에너지, 그리고 시간을 고려하면 어쩌면 당연한 일이다.

나이가 들며 우리는 본능적으로 그 범위를 좁히기 시작한다. 예전엔 '모두와 잘 지내야 한다'라는 압박이 있었지만, 지금은 몇몇 소중한 사람에게만 마음을 쓰는 일이 훨씬 편안하게 느껴진다. 가벼운 인연을 억지로 붙잡지 않아도 되고, 모든 관계를 같은 온도로 유지할 필요도 없다는 걸 깨닫게 된다. 이런 변화는 냉담함이 아니라 성장에 가깝다. 관계의 선택과 집중은 삶의 안정성을 키우는 자연스러운 과정이기 때문이다.

던바의 연구처럼 관계의 수는 줄어들지만, 그 안의 온도는 더 깊어지기도 한다. 예전엔 많은 사람과 얕은 대화를 나눴다면, 지금은 소수의 사람과 진심이 오가는 대화를 나눈다. 단순한 안부가 아니라 삶의 방향을 이야기하고, 하루의 감정을 나누는 관계. 그런 관계는 숫자로는 채워지지 않는 안정감과 소속감을 준다.

그래서 나는 요즘 관계가 줄어드는 것이 두렵지 않다. 오히려 그 몇 사람 덕분에 삶은 여전히 따뜻하다. 숫자는 줄었어도, 온도는 깊어졌다. 마음을 나눌 수 있는 이 소수의 사람만으로도 충분하다는 사실이 오히려 안도감을 준다.

던바의 수(Dunbar's Number, 1992)

로빈 던바(Robin Dunbar)

영국 옥스퍼드 대학의 진화심리학자 로빈 던바는 인간이 친밀한 사회적 관계를 유지할 수 있는 인지적 한계가 약 150명이라고 주장한다. 하지만 그중 정서적으로 깊이 연결된 관계는 평균 5~15명에 불과하다고 설명했다. 나이가 들수록 사회적 에너지가 한정되기 때문에, 인간은 자연스럽게 관계를 '선택과 집중'의 방식으로 관리하게 된다. 즉 관계의 수는 줄어들지만, 그 밀도는 깊어진다.

건강한 관계를 만드는 세 가지 습관

좋은 인간관계는 우연히 만들어지지 않는다. 서로가 지나가는 인연 속에서 특별한 의미를 갖게 되는 순간에는 언제나 작은 말, 사소한 행동, 반복되는 마음의 습관이 자리한다. 심리학적 관점에서 관계는 '축적의 결과'다. 하루의 태도들이 쌓여 신뢰가 되고, 반복된 이해가 쌓여 친밀함이 된다. 이러한 구조를 이해하면 관계를 유지하고 성장시키는 일은 더 이상 감정의 문제가 아니라 심리적 원리를 실천하는 과정이 된다.

심리학자 칼 로저스(Carl Rogers)는 "사람은 진심으로 이해받을 때 변화한다"라고 말한다. 이는 상담실에만 머무는 개념이 아니다. 일상의 만남과 대화에도 그대로 적용된다. 누군가의 감정을 있는 그대로 받아들이고, 판단 없이 듣는 태도는 상대를 보호하고 강화하는 심리적 기제가 된다. 이때 나타나는 '공감적 이해(empathic understanding)'는 단순한 경청을 넘어 상대의 정서적 세계로 들어가 보는 능력이다. 상대의 말을 끝까지 들어준다는 것은 곧 "당신의 감정은 내게 중요하다"라는 메시지를 전달하는 행위이자, 관계의 기초를 단단하게 만드는 핵심이다.

관계의 또 다른 축은 '진정성(authenticity)'이다. 로저스는 진정성이 있을 때 사람은 안정감을 느끼고 방어적 태도를 내려놓는다고 설명했다. 예를 들어, 부드럽지만 분명하게 "아니오"라고 말하는 태도는 갈등을 피하려는 회피가 아니라 오히려 신뢰를 쌓는 과정이다. 감정을 억누르지 않되 충동적으로 표현하지 않는 솔직함은 관계의 불필요한 오해를 줄이고 상호 존중의 문화를 만든다. 진정성은 때로 불편함을 동반하지만, 그 불편함이 관계를 정직하게 다듬는다.

그리고 거리의 균형이 중요하다. 인간관계는 너무 가까우면 의존이 되고, 너무 멀면 단절이 된다. 로저스는 이를 '존중(respect)'의 관점에서 설명했다. 서로의 경계를 이해하고 지켜주는 태도는 진짜 친밀함으로 이어진다. 가까운 사이에서도 각자의 생활과 감정을 인정해주는 적절한 공간이 필요하다. 그것이 관계가 오래 지속되는 심리적 조건이다.

어느 날 카페 손님 한 명이 조용히 말했다. "사장님 덕분에 여기선 숨통이 트여요." 그 말은 화려하지 않지만, 공감과 존중, 적절한 거리에서 비롯된 관계의 깊이를 단적으로 보여주는 사례이다. 좋은 관계란 벽처럼 단단하게 버티는 것이 아니라, 바람처럼 스며들어 서로에게 공간을 남기는 것이다.

결국 인간관계는 기술이 아니라 태도다. 공감과 진정성, 그리고 거리의 균형을 꾸준히 실천할 때 비로소 관계는 건강하게 자란다. 심리학이 말하는 원리는 결국 이렇게 일상 속에서 조용히 드러나며, 우리 모두가 이미 알고 있는 방식으로 서로를 변화시키고 있다.

인간 중심적 접근(Humanistic Approach, 1951)

칼 로저스(Carl R. Rogers)

로저스는 인간관계의 핵심을 '진정성(authenticity)', '공감(empathy)', '무조건적 긍정적 존중(unconditional positive regard)'으로 정의했다. 그는 타인을 변화시키려 하기 보다 있는 그대로 이해하고 수용하는 태도가 관계의 본질이라고 보았다. 건강한 관계는 특별한 기술이 아니라, 일상 속 태도의 반복에서 형성된다.

4장

사랑의 구조

(Love, Attachment, and Letting Go)

사랑의 깊이는 조용한 순간에 피어난다

사랑은 늘 새로 생겨나는 감정처럼 보이지만, 실은 아주 오래된 기억에서 시작된다. 아직 말도 하지 못하던 시절, 누군가의 품에서 느꼈던 온기와 숨결, 그때의 안정감이 우리 마음속에 가장 원초적인 '사랑의 기준'으로 남는다. 이런 초깃값은 시간이 지나도 쉽게 사라지지 않고, 성인이 되어 관계를 맺을 때까지 은근하게 영향을 미친다.

'애착 이론(Attachment Theory)'의 창시자 존 볼비(John Bowlby)와 메리 에인스워스(Mary Ainsworth)는 사랑을 '안전함을 확인하는 반복 연습'이라고 설명한다. 어린 시절 안정적으로 돌봄을 경험한 사람은 친밀함을 두려워하지 않는다. 마음을 기대고 의지하는 일이 자연스럽고, 누군가와 가까워지는 상황에서도 스스로를 지킬 수 있다는 내면의 믿음이 있다. 반면, 불안정한 애착을 경험한 사람은 관계 안에서도 미세한 변화에 민감하게 반응하고, 상처를 예감하며 스스로 거리를 두는 행동을 보인다. 이는 부족해서도, 성격이 모나서도 아니다. 마음속 깊은 곳에 남아 있는 오래된 감정의 기억이 아직 정리되지 않았다는 신호에 가깝다.

그래서 누군가는 사랑을 따뜻한 풍경처럼 받아들이지만, 또 다른 누군가는 같은 사랑을 조심스러운 과제로 느낀다. 가까워지고 싶은 마음과 조심하고 싶은 마음이 동시에 꿈틀거리고, 어느 쪽도 완전히 버릴 수 없다. 많은 사람이 "사랑이 왜 이렇게 어렵지?"라고 묻는 이유도 여기에 있다. 사랑의 난이도는 현재 상황보다, 과거의 경험이 만든 감정의 지도에 더 많이 좌우된다.

하지만 애착은 평생 고정된 공식이 아니다. 새로운 관계 경험은 오래된 기억을 조금씩 수정한다. 누군가가 일관되게 곁에 있어 준다거나, 갈등이 생겨도 대화를 이어가려는 태도를 보일 때 마음속에는 '이번엔 예전과 다르게 흘러갈지도 모른다'는 작은 확신이 자란다. 타인의 따뜻함뿐 아니라, 스스로를 다정하게 대하는 연습도 같은 변화를 만든다. 실수한 날의 나를 몰아붙이는 대신 이해하려고 할 때, 마음은 더 안전한 방향으로 서서히 자리를 잡는다.

볼비와 에인스워스는 "안정된 애착이 스스로를 이해하고 타인을 신뢰하는 능력을 키운다"라고 했다. 이 관점에서 보면 사랑은 감정의 격렬함보다도, 서로의 불안을 다룰 수 있는 힘에 의해 완성도가 달라진다. 마음 깊은 부분까지 숨기지 않고 드러낼 수 있고, 상대 역시 그 감정을 버티고 받아낼 수 있을 때 관계는 조금 더 단단해진다.

사랑은 거창한 순간보다 조용한 순간에 피어난다. 설명 없이도 편안해지는 분위기, 작은 말에도 마음이 풀리는 경험, 곁에 있는 것만으로도 하루가 부드러워지는 느낌이 모든 것이 마음을 안정시키는 새로운 기억이 된다. 이런 감정의 층위가 쌓일 때 우리는 비로소 이렇게 말할 수 있다.

"이 관계 안에서 숨이 편안하다."

애착 이론(Attachment Theory, 1969)

존 볼비(John Bowlby), 메리 에인스워스(Mary Ainsworth)

애착은 사랑의 뿌리다. 어린 시절 양육자와의 관계에서 형성된 애착유형은 성인이 된 후의 사랑 방식으로 이어진다. 안정형은 가까움을 두려워하지 않지만, 불안형은 버림받을지 불안해하고, 회피형은 감정을 억제하며 거리를 둔다. 사랑의 패턴은 타인을 향한 방식이 아니라, '안전함'을 배우는 과정이다.

사랑의 언어에도 번역의 기술이 필요한 이유

사람들은 흔히 사랑을 말로 판단한다. 자주 "사랑한다"라고 표현하는 사람이 더 따뜻해 보이고, 말이 적은 사람은 마음이 얕아 보이기도 한다. 그러나 관계를 오래 겪다 보면 사랑의 방식은 생각보다 훨씬 다채롭다는 사실을 알게 된다. 누군가는 하루에도 여러 번 애정을 말로 전하고, 또 다른 누군가는 말 대신 행동으로 마음을 보여준다. 표현은 다르지만, 그 안에 담긴 감정의 무게가 다르다고 단정할 수는 없다.

심리학자 게리 채프먼(Gary Chapman)은 이러한 차이를 '사랑의 언어(Love Languages)'라는 개념으로 설명한다. 그는 사람들이 애정을 전달하는 주요 방식이 다섯 가지로 나뉜다고 보았다. 칭찬의 말, 함께하는 시간, 선물, 봉사, 그리고 신체적 접촉. 사람마다 편안하게 사용하는 언어가 달라서, 상대의 표현이 나와 다를 경우 마음이 잘 전달되지 않거나 오해가 생긴다. 이는 불일치가 아니라, 단지 언어 체계가 달라서 발생하는 심리적 간극이다.

나는 한동안 '내가 원하는 방식'으로 사랑이 오지 않으면 충분한 애정이 아니라 생각했다. 말로 표현하는 게 익숙한 나는 행동 중심의 사랑을 쉽게 읽지 못했다. 상대는 묵묵히 도와주고, 조용히 챙기며 관심을 보여줬지만, 나는 그 행위를 애정보다 습관이나 예의로 받아들였다. 지금 돌아보면 그때의 나는 상대의 언어를 해석할 준비가 부족했던 셈이다. 사랑은 단순한 감정이 아니라, 서로의 표현 방식을 인지하고 조율하는 과정임을 뒤늦게 배웠다.

사랑의 언어가 다르다는 사실을 깨닫고 나면 관계는 다른 방향으로 흘러간다. 상대의 방식이 익숙하지 않아도, 그 안에 담긴 의도를 읽으려는 노력이 생긴다. 함께 보내는 시간을 중요하게 여기는 사람에게는 대화를 늘리고, 행동으로 마음을 전하는 사람이 곁에 있다면 그 섬세한 움직임을 감정으로 번역하는 태도가 필요하다. 오해는 주로 표현의 차이에서 비롯되지만, 이해 역시 같은 지점에서 시작된다.

채프먼은 "사랑은 배우는 행위"라고 말한다. 사랑이 지속되려면 상대의 언어를 받아들이고, 자신의 언어를 공유하는 상호적 과정이 필요하다는 뜻이다. 말이 많아도 마음이 비어 있을 수 있고, 말이 적어도 애정이 깊숙하게 스며 있을 수 있다. 중요한 것은 표현의 방식이 아니라, 서로의 언어를 알아가려는 태도다.

사랑의 본질은 결국 '같은 언어를 말하는 것'이 아니라 '다른 언어를 이해하려는 움직임'에 있다. 때로는 서툴고 낯설어도, 그 배움을 통해 관계는 더 따뜻한 방향으로 확장된다. 상대를 향한 이해의 의지가 사랑의 문장을 완성해 주는 마지막 줄이다.

사랑의 언어 이론(The Five Love Languages, 1992)

게리 채프먼(Gary Chapman)

사람마다 사랑을 주고받는 언어가 다르다. 어떤 이는 '말'로, 또 다른 이는 '시간'이나 '행동'으로 사랑을 표현한다. 문제는 각자의 언어가 다름에도 불구하고, 상대방이 자신과 같은 언어로 말하기를 기대한다는 것이다. 진짜 사랑은 나의 언어가 아니라, 상대의 언어를 배워가는 일이다.

권태기의 진짜 이유와 살짝 비켜나는 법

오래 함께한 관계에서는 익숙함이 자연스럽게 자리 잡는다. 같은 말투, 반복되는 표정, 예측할 수 있는 일상이 쌓이면 설렘은 조용히 뒤로 물러난다. 서로를 너무 잘 안다는 사실이 편안함을 주는 동시에, 감정의 온도가 옅어진 듯한 착각을 만들기도 한다. 많은 사람은 이 변화가 사랑의 소멸로 이어진다고 생각하지만, 심리학은 다른 이유를 제시한다.

진화 심리학자 데이비드 버스(David Buss)는 인간이 본능적으로 '새로움'에 주의를 기울이도록 진화했다고 설명한다. 초기 연애에서 느껴지는 강렬한 흥분은 도파민 작용과 깊이 연관되어 있다. 그러나 시간이 흐르면 뇌는 안정과 지속을 담당하는 옥시토신 시스템으로 전환된다. 즉, 관계가 오래될수록 달라지는 것은 감정의 진정성보다 신경 화학적 반응의 형태에 가깝다. 사랑이 약해진 것이 아니라, 사랑을 경험하는 방식이 변화한 것이다.

문제는 감정의 변화 자체가 아니라, 그 변화를 어떻게 바라보느냐에 있다. 익숙함을 '지루함'으로 해석하면 관계는 쉽게 무너진다. 반대로 익숙함 안에서도 새로운 요소를 찾으려는 태도를 유지하면 관계는 지속성을 갖는다. 심리학에서는 이를 '주의 재배치(attentional shift)'라고 표현한다. 이미 알고 있는 대상에게 다른 시선으로 접근했을 때, 우리는 이전에 보지 못했던 면을 발견하게 된다.

이 시선의 변화는 일상의 작은 순간에서 시작된다. 어느 저녁, 늘 걷던 길에서 상대가 짓는 미소를 새롭게 느낄 때처럼, 관계 안에는 여전히 다른 표정과 다르게 반응하는 마음이 숨어 있다. 중요한 것은 그 변화를 감각할 여유를 가지는 일이다. 사랑이 오래됐다는 사실은 무뎌졌다는 뜻이 아니라, 관계의 층위가 깊어졌다는 신호일지도 모른다.

장기적 관계를 연구한 심리학자들은 안정적 애착을 유지하는 커플의 공통점으로 '정서적 새로움의 발견'을 꼽는다. 새로운 취미를 함께 시도하거나, 평범한 대화를 이전보다 한층 세심하게 듣는 것만으로도 관계의 활력은 다시 살아난다. 변화는 큰 사건에서 오는 것이 아니라, 반복된 일상에서 서로에게 다른 면을 찾아보려는 태도에서 비롯된다.

사랑은 시간이 지날수록 형태가 바뀐다. 설렘의 강도는 줄어들 수 있지만, 안정과 신뢰라는 또 다른 감정이 자리를 넓힌다. 오래된 관계의 아름다움은 처음의 열정이 아니라, 익숙함 속에서도 상대를 다시 바라보는 능력에서 비롯된다. 시간을 함께 보낸다는 사실은 감정이 식었다는 증거가 아니다. 오히려 오래된 사랑은 일상의 틈에서 조용히 모습을 드러낸다. 어느 날 문득, 익숙한 미소가 새롭게 보일 때처럼 관계는 그렇게 다른 빛을 품는다.

진화 심리학(Evolutionary Psychology, 1989)

데이비드 버스(David Buss)

인간은 새로움에 반응하도록 진화했다. 사랑 초기에 느끼는 강렬한 설렘은 도파민의 작용이지만, 시간이 지나면 안정과 평온을 담당하는 옥시토신이 주를 이룬다. 권태는 사랑이 식은 것이 아니라, 자극의 형태가 바뀐 것이다. 익숙함 속에서도 새로움을 발견하는 시선이 관계를 지속시킨다.

갈등은 피하는 것보다 회복하는 기술이 중요하다

연애 초반에는 싸우지 않는 관계가 건강한 사랑이라 믿었다. 목소리가 높아지지 않고, 서운함을 삼키는 쪽을 선택하면 어른스러운 연애를 하는 줄 알았다. 그런데 시간이 지나 보니, 다투지 않는 사이가 꼭 좋은 사이는 아니었다. 오히려 중요한 순간마다 말을 아끼다 보니, 설명되지 않은 감정들이 마음속에 침전물처럼 쌓여갔다.

심리학자 존 고트먼(John Gottman)은 부부와 연인 수천 쌍을 관찰하며 관계를 무너뜨리는 네 가지 패턴을 제시했다. 비난, 방어, 경멸, 회피. 이 네 가지가 반복되면 관계는 서서히 균열이 생긴다. "너는 왜 항상 그래?"라는 말 속에는 비난이 숨어 있고, "내가 뭘 어쨌는데?"라는 반응에는 방어가 자리한다. 눈을 치켜뜨는 표정과 비꼬는 말투는 경멸이 되고, 대화를 피하고 자리를 떠나는 태도는 회피로 이어진다. 싸움의 횟수보다 이 네 가지가 얼마나 자주 등장하는지가 관계의 미래를 가른다고 고트먼은 말한다.

하지만 고트먼의 연구에는 또 다른 장면이 있다. 바로 갈등 이후의 태도다. 감정이 가라앉은 뒤 "아까는 내가 너무 예민했어", "그 말이 상처였다는 건 이해해"라고 말하는 순간, 관계는 다른 방향으로 움직이기 시작한다. 그는 이를 '수리 행동(repair attempt)'이라고 불렀다. 완벽하게 사과하는 기술보다, 다시 이야기를 이어가려는 작은 시도가 훨씬 중요한 요인이라는 뜻이다.

돌이켜 보면, 나 역시 싸움을 피하는 데 에너지를 쏟았지, 싸운 뒤 어떻게 다시 마주 앉을지에 대해서는 깊이 생각해 본 적이 없었다. 말다툼을 한 날, 괜히 연락을 늦추고, 시간이 지나면 아무 일도 없던 것처럼 행동하려 했다.

표면은 조용해 보였지만, 해결되지 않은 감정은 마음 한구석에서 계속 남아 있었다. 시간이 해결해 주지 않는 일들이 분명 존재한다는 것을 뒤늦게 알았다.

관계를 지키는 힘은 갈등을 없애는 데서 생기지 않는다. 화가 났다는 사실을 인정하고, 상처가 났음을 인정하면서도 "그래도 너를 이해하고 싶다"라는 태도를 유지하는 데서 나온다. 싸움이 끝난 뒤 건네는 한두 마디, "그때 많이 서운했지?", "내가 그런 의도는 아니었어"라는 말이 서로의 마음에 작은 창을 다시 연다. 감정을 이기려 하기보다 그 감정이 어디서 비롯되었는지 같이 바라보려 할 때 관계는 다른 결을 갖는다.

연애에서 중요한 질문은 "우리는 싸우지 않는가?"가 아니라 "우리는 어떻게 싸우고, 어떻게 다시 마주 앉는가?"일지 모른다. 갈등은 피할 수 없지만, 싸운 뒤 나누는 대화는 선택할 수 있다. 상처가 전혀 없는 사랑은 없지만, 상처를 어떻게 다루는지는 각자의 몫이다. 서로의 감정을 외면하지 않고 다시 말을 건네는 그 순간, 사랑은 한 걸음 더 성숙한 자리에 가까워진다.

관계 갈등 이론(Conflict Management Theory, 1994)

존 고트먼(John Gottman)

사랑의 질은 갈등의 횟수가 아니라 '회복의 방식'으로 결정된다. 고트먼은 비난, 방어, 경멸, 회피를 관계를 무너뜨리는 '네 가지 신호'라고 했다. 중요한 것은 싸움을 피하는 것이 아니라, 싸운 뒤 감정을 다루는 태도다. 좋은 관계는 '감정의 안전지대'를 회복하는 연습에서 자란다.

신뢰는 꾸준함을 통한 예측 가능함에서 온다

신뢰는 한 번의 극적인 고백으로 만들어지지 않는다. 마음을 뒤흔드는 이벤트보다, 아무 일 없는 날들이 조용히 이어질 때 조금씩 모습을 드러낸다. 어제와 오늘, 오늘과 내일이 큰 차이 없이 흘러가지만, 그 반복 속에서 "이 사람은 이럴 것이다"라는 감각이 쌓여 간다.

심리학자 존과 줄리 고트먼(John & Julie Gottman)은 신뢰를 "예측 가능한 일관성의 결과"라고 설명한다. 같은 시간에 안부를 묻는 메시지, 늦을 것 같다고 미리 알려주는 한 줄, 약속을 잊어버렸을 때 솔직하게 사과하는 태도. 이런 행동 하나하나는 대수롭지 않아 보이지만, 관계 안에서는 중요한 증거가 된다. 말과 행동이 엇갈리지 않는 사람, 실수했을 때 숨지 않고 설명하는 사람에게 마음은 조금씩 긴장을 풀기 시작한다.

돌이켜보면, 내가 믿는 사람들도 대부분 이런 유형이었다. 특별한 말을 많이 한 사람보다, 늘 비슷한 말투와 태도로 곁을 지켜준 이들. 기분에 따라 대하는 방식이 달라지지 않고, 상대의 상태가 안 좋아 보여도 기본적인 예의를 놓치지 않는 사람. 화려한 호의보다 그런 꾸준함이 더 오래 기억된다. 신뢰는 상대가 완벽해서 생기는 감정이 아니라, 예측 가능한 패턴에서 오는 안정감에 가깝다.

신뢰 구축 모델은 고트먼 부부가 부부와 연인의 상호작용을 장기간 관찰하며 만든 모델로, 신뢰가 '작은 선택의 반복'에서 형성된다고 보았다. 약속을 지키는 빈도, 갈등 후 회복하려는 시도, 사소한 요구에도 응답하는 태도 등이 축적되면서 관계의 예측 가능성을 높이고, 그 예측 가능성이 곧 신뢰의 기반이 된다고 설명했다.

신뢰는 서둘러 완성할 수 있는 목표가 아니다. 하루에 한 줄씩 일기를 쓰듯, 말과 행동을 통해 조금씩 이어가는 서사에 가깝다. 그 문장이 길어질수록 마음은 덜 흔들리고, 곁에 선 사람의 온도는 한결 편안하게 느껴진다. 눈에 잘 보이지 않지만, 사랑의 이름으로 부를 수 있는 가장 잔잔한 힘이 바로 이 신뢰일지 모른다.

신뢰 구축 모델(Trust-Building Model, 2011)

줄리 고트먼(Julie Gottman), 존 고트먼(John Gottman)

신뢰는 거창한 약속이 아니라, 작은 일관성의 누적이다. 반복된 성실함, 예상 가능한 행동이 관계의 예측가능성을 만든다. 신뢰는 하루에 한 줄씩 쌓이는 문장 같다. 단숨에 쓰이지 않지만, 꾸준히 써 내려가야 완성된다.

이별은 감정의 끝이 아니라 방향의 전환이다

이별은 단절이라기보다 마음의 방향을 바꾸는 일에 가깝다. 함께 걷던 길에서 혼자 걸어 나오는 순간, 세상은 그대로인데 풍경의 의미가 달라진다. 손에 쥔 건 아무것도 없는 것 같은데, 머릿속과 가슴속은 여전히 그 사람의 흔적으로 가득하다. 이별이 힘든 이유는 사랑이 사라져서가 아니라, 사랑의 자리가 한동안 비어 보이기 때문이다.

엘리자베스 퀴블러 로스(Elisabeth Kübler Ross)는 상실의 감정을 다섯 단계로 설명했다. 부정, 분노, 타협, 슬픔, 수용. 교과서 속에선 차례대로 나열되지만, 실제 마음의 흐름은 훨씬 복잡하다. 어느 날은 이미 끝난 일이라며 담담하다가도, 사소한 노래 한 구절에 눈물이 차오른다. 어제는 담담했는데 오늘은 이유 없이 화가 나기도 한다. 감정은 직선이 아니라, 같은 자리를 여러 번 돌아 나오는 원에 가깝다.

한 가지 중요한 점은, 이 과정이 실패나 미숙함의 증거가 아니라는 사실이다. 사람은 사랑했던 방식으로 그리워한다. 깊이 사랑한 사람일수록 떠나보낸 뒤에도 여러 감정이 뒤섞여 되돌아온다. 잊지 못해서가 아니라, 그 시간이 삶의 일부로 이미 새겨져 있기 때문이다. 그래서 이별의 회복은 '완전히 지우는 일'이 아니라, 그 감정을 다른 의미의 자리로 옮기는 일에 가깝다. '왜 그랬을까'라는 질문에서 '그때의 나는 그렇게 사랑하려고 애썼구나'라는 이해로 옮겨가는 과정이다.

'애도 5단계 이론(Five Stages of Grief)'을 통해 퀴블러 로스는 상실을 경험한 사람이 부정(denial), 분노(anger), 타협(bargaining), 우울(depression),

수용(acceptance)에 이르는 정서적 과정을 거친다고 보았다. 후속 연구에서는 이 단계들이 고정된 순서로 진행된다기보다, 상황과 시간에 따라 반복·교차된다는 점이 강조되었다. 상실 후의 다양한 감정은 병리가 아니라 애착을 다시 정리해 가는 자연스러운 심리적 조정 과정으로 이해된다.

나 역시 지나간 관계를 떠올릴 때 예전만큼 아프진 않지만, 완전히 무감각해진 것도 아니다. 다만 예전의 눈물 섞인 장면들이 지금은 '내가 사랑을 믿어 보았던 시간'으로 정리된다. 상처였던 기억이 조금씩 삶의 한 페이지로 편입되는 느낌에 가깝다. 이별은 감정을 끊어내는 사건이 아니라, 관계의 이름을 바꾸는 작업일지도 모른다. 어느 시점이 되면 미련 대신 감사가 더 많이 떠오르고, 더는 함께하지 않지만, 한때의 우리를 응원하는 마음이 남는다.

사랑은 사라지지 않고, 모양을 바꿔 머문다. 함께 걷던 길이 끝나도, 그 길에서 배운 시선과 마음의 온도는 남은 삶을 비춘다. 이별을 견딘다는 것은 그 사람을 지워 버리는 일이 아니라 내 안의 자리를 새롭게 정리하는 일에 가깝다. 언젠가 그 이름을 떠올리며 조용히 미소 지을 수 있다면, 그 관계는 다른 방식으로 계속 숨 쉬고 있는지도 모른다.

애도 5단계 이론(Five Stages of Grief, 1969)

엘리자베스 퀴블러 로스(Elisabeth Kübler Ross)

이별 후의 부정, 분노, 타협, 슬픔, 수용은 단순히 관계의 끝이 아니라 감정의 재구성 과정이다. 사랑이 사라진 게 아니라, 다른 형태로 존재하는 것이다. '잊는 것'이 아니라 '의미를 바꾸는 것'이 이별의 진짜 회복이다.

함께 있어도 서로의 나다움을 지켜야 하는 이유

사랑을 하면 어느 순간 '우리'라는 말이 편안해지는 대신 '나'라는 감각이 희미해질 때가 있다. 상대의 기분이 하루의 분위기를 결정하고, 그의 말 한마디에 마음의 온도가 달라진다. 많은 사람은 이런 변화를 사랑의 자연스러운 과정이라 여기지만, 때로는 내 삶의 중심이 조금씩 이동하는 신호일지도 모른다. 사랑이라는 이름 아래 나를 잃는 경험은 누구에게나 익숙하다.

에드워드 데시(Edward Deci)와 리처드 라이언(Richard Ryan)의 '자기결정이론(Self-Determination Theory)'은 이 문제를 다른 시각에서 설명한다. 인간에게는 자율성, 유능감, 관계성이라는 세 가지 기본 욕구가 있으며, 이 요소들이 균형을 이룰 때 심리적 안녕감이 높아진다고 했다. 즉, 사랑이 깊어질수록 오히려 자율성이 더 중요해진다. 관계 안에서 나의 선택이 인정되고, 일상의 리듬을 스스로 조절할 수 있을 때 사람은 안정감을 느낀다. 반면 상대에게 맞추는 일이 반복되면 유능감이 흔들리고, 결국 관계성마저 약해질 수 있다.

이 이론이 말하는 바는 명확하다. 좋은 관계는 '함께 있음'과 '각자의 삶'이 공존하는 구조에서 자란다는 것이다. 누군가와 오래 이어지는 관계를 떠올려보면, 대체로 이런 특징이 있다. 서로가 필요하지만, 과도하게 매달리지 않고, 가깝게 지내되 일상의 공간을 침범하지 않는다. 일정한 거리가 만들어주는 편안함이 두 사람을 더 오래 머물게 한다. 사랑이란 상대를 벗어나 완전한 독립을 의미하는 것도 아니며, 모든 생활을 공유해야 한다는 규칙도 아니다. 서로의 리듬을 존중하면서 한 방향을 바라보는 과정에 가깝다.

자기결정 이론에서 에드워드 데시와 리처드 라이언은 이들은 인간이 자율성·유능감·관계성의 욕구를 충족할 때 가장 건강하게 기능한다고 보았다. 사랑에서도 이 세 가지는 핵심 요소이며, 지나친 의존은 자율성을 감소시켜 정서적 안정감을 떨어뜨릴 수 있다.

나는 이 이론을 떠올릴 때마다 사랑의 문장이 새롭게 느껴진다. "너 없인 안 돼"라는 말보다 "너와 함께여서 좋다"라는 고백이 관계를 더 넓히고, 각자의 세계를 온전히 존중할 때 마음은 더 편안해진다. 가까움은 거리를 지우는 일이 아니라, 서로의 자유를 인정하며 만들어지는 온도라는 사실이 점점 선명해진다. 사랑은 누군가에게 기대는 일이 아니라, 함께 있어도 나답게 숨 쉴 수 있는 경험에서 깊어진다.

자기결정 이론(Self-Determination Theory, 1985)

에드워드 데시(Edward Deci), 리처드 라이언(Richard Ryan)

진정한 사랑은 '자율성'과 '연결감'이 동시에 존재할 때 자란다. 관계 안에서 나를 잃는 건 헌신이 아니라 소멸이다. 사랑은 의존이 아니라 공존이다. 서로의 자유를 존중할 때 친밀함은 더 단단해진다.

'우리' 안의 '나'를 잃지 않는 법

심리학자 마거릿 말러(Margaret Mahler)는 집단에서 자기를 잃지 않는 방법을 '분리-개별화 이론(Separation-Individuation Theory)'으로 설명한다. 아이가 어머니에게서 조금씩 떨어져 나와 '나'를 인식하게 되는 과정처럼, 성인의 관계에서도 개별화는 여전히 중요하다. 진짜 사랑은 서로에게 녹아드는 것이 아니라, 각자의 중심을 잃지 않은 채 나란히 서 있는 일이다.

사람들은 종종 말한다. "우린 하나야." 그 말이 아름답게 들릴 때도 있지만, 어쩐지 조금 답답하게 느껴질 때도 있다. 누군가를 사랑하면서도 나로 남는 일은 생각보다 어렵다. 너무 가까우면 숨이 막히고, 너무 멀어지면 마음이 식는다. 관계의 깊이는 결국 서로의 '거리'를 얼마나 섬세하게 조절하느냐에 달려 있다. 말러는 이것을 건강한 분리(healthy separation)라고 부른다. 서로를 잃지 않기 위해 때로는 한 걸음 물러설 줄 아는 용기.

사랑에도 여백이 필요하다. 같은 공간에 있어도 각자의 생각으로 하루를 살아가는 사람들, 함께 걷되 서로의 발자국을 밟지 않는 관계. 그게 오래가는 사랑의 모양이다.

분리-개별화 이론(Separation-Individuation Theory, 1975)

마거릿 말러(Margaret Mahler)

아이가 어머니에게서 떨어져 자아를 형성하듯, 성인 관계에서도 개별화는 필수다. 사랑은 하나가 되는 것이 아니라, 각자의 중심을 지닌 채 함께 서는 일이다. 거리를 유지할 수 있을 때, 관계는 더 깊어진다.

사랑이 완성보다 유지가 더 어려운 이유

사랑은 시작보다 지켜가는 일이 더 어렵다. 처음엔 모든 것이 설레지만, 시간이 흐르면 마음은 다른 방식으로 흔들린다. 아무리 좋았던 기억이 많아도 지금의 감정이 불안하면 그 모든 순간이 희미해지는 것처럼 느껴질 때가 있다.

대니얼 카너먼(Daniel Kahneman)은 인간이 '경험하는 자아'보다 '기억된 자아'로 산다고 말한다. 우리는 지금 느끼는 행복 그 자체보다, 나중에 그것을 어떤 이야기로 기억하는지를 더 중요하게 여긴다.

사랑도 다르지 않다. 모든 날이 좋을 수는 없다. 때로는 다투기도 하고, 마음이 엇갈리기도 한다. 그러나 함께한 시간을 떠올렸을 때 전체가 따뜻하게 묶여 있다면, 그 관계는 이미 잘 지켜낸 사랑이다.

완벽한 사랑은 없다. 하지만 좋게 기억되는 사랑은 있다. 사랑은 어느 날 완성되는 게 아니라, 매일 조금씩 이어 붙여가는 일이다. 그리고 그 유지의 힘은 거창한 것이 아니다. 하루의 피로를 덜어주는 말 한마디, 먼저 건네는 미안함, 상대의 속도를 기다려주는 작은 여유, 그런 사소한 다정함에서 비롯된다.

사랑은 거대한 약속이 아니라, 작은 다정함을 잃지 않으려는 마음에서 천천히 자란다. 결국 오래 남는 사랑은 '한 번의 뜨거움'이 아니라, 작은 온도를 꾸준히 지켜낸 마음이다.

기억된 자아 이론(Remembered Self Theory, 2011)

대니얼 카너먼(Daniel Kahneman)

우리는 실제의 행복보다 '기억된 행복'을 기준으로 관계를 평가한다. 사랑의 지속은 감정의 농도가 아니라, 기억의 질에 달려 있다. 좋은 관계는 '지속되는 감정'이 아니라 '좋게 기억되는 순간'을 쌓는 일이다.

5장

습관과 동기

(Habits That Shape the Mind)

의지는 강한 결심보다 꾸준한 에너지가 필요하다

의지는 흔히 '성격'이나 '근성'의 문제로 오해된다. 하지만 일상에서 작은 결정을 반복하고, 감정을 조절하고, 해야 할 일을 밀어붙이는 모든 순간이 마음의 에너지를 조금씩 소모한다. 어느 날은 별일도 아닌데 쉽게 지쳐버리는 이유가 여기에 있다. 의지가 약해서가 아니라, 쓸 힘을 이미 다 사용한 상태에 가까운 것이다.

심리학자 로이 바우마이스터(Roy Baumeister)의 '의지력 고갈 이론(Ego Depletion Theory)'은 이 현상을 명확하게 설명한다. 그는 인간의 자기조절 능력이 무한한 자원이 아니며, 일정량을 넘어서면 급격히 떨어지는 특징이 있다고 했다. 감정을 억누르는 일, 어려운 선택을 반복하는 일, 타인의 기대를 맞추기 위해 스스로를 조율하는 행동 모두가 에너지를 줄인다. 즉, 의지는 피로 누적의 영향을 받는 심리적 자원이다.

이 이론을 알게 된 뒤로 '버티는 사람'이라는 말이 다르게 들렸다. 의지는 꾸준함의 문제가 아니라 회복의 문제였다. 쉬지 않고 달리는 사람은 강해 보일지 몰라도, 무리한 속도는 어느 순간 방향 감각을 흐리게 한다. 반대로 제때 멈출 수 있는 사람은 자신을 조절할 줄 아는 사람이다. 잠시 창문을 열어 공기를 바꾸거나, 커피 한 잔을 천천히 마시는 짧은 휴식이 다시 집중력을 쌓아 올리는 데 큰 역할을 한다. 작은 여유는 흐트러짐이 아니라 균형을 찾기 위한 과정이다.

의지력 고갈 이론에서 바우마이스터는 자기조절은 제한된 자원이며 반복 사용 시 감소한다는 점을 밝혔다. 휴식·수면·정서 회복은 고갈된 자원을 다시 채우는 핵심 요소로 작용한다.

이 사실을 이해하면 스스로를 탓할 이유가 줄어든다. 저녁이 되면 사소한 일에도 감정이 예민해지고, 집중이 흐려지는 것은 능력 부족이 아니라 자연스러운 에너지 소진의 결과다. 몸이 충분한 휴식을 요구하듯 마음도 회복의 시간이 필요하다. “지금은 잠시 쉬어도 괜찮다”라는 말은 포기의 선언이 아니라 내일을 위한 조정이다. 의지는 타올라야만 유지되는 불길이 아니라 잘 지켜야 오래 남는 잔열에 가까운 법이다.

의지력 고갈 이론(Ego Depletion Theory, 1998)

로이 바우마이스터(Roy Baumeister)

의지는 근육처럼 한정된 에너지를 가지고 있다. 감정 억제, 결정, 자기통제 같은 과정은 모두 정신적 에너지를 소모한다. 그래서 의지가 약한 것이 아니라, 이미 소모된 것이다. ‘의지의 문제’가 아니라 ‘회복의 문제’로 봐야 한다. 작은 휴식이 다시 시작할 힘을 만든다.

행동은 의지보다는 환경이 더 빨리 바꾼다

사람은 스스로 '의지가 약하다'거나 '성격이 이런가 보다'라고 쉽게 규정한다. 하지만 같은 사람도 장소가 달라지면 전혀 다른 행동을 보인다. 어떤 날은 능률이 오르지 않다가도 장소만 바꾸면 금세 집중이 되는 경험처럼, 행동은 늘 개인의 기질에서만 비롯되지 않는다. 심리학자 커트 레빈(Kurt Lewin)은 이러한 현상을 '행동은 개인(P)과 환경(E)의 함수'라고 설명한다. 같은 사람이라도 둘러싼 장(場)의 구조가 변하면 행동 역시 달라진다는 것이다.

하루는 집에서 일을 하려던 날이었다. 책상 앞에 앉았지만 마음이 산만하고, 해야 할 일들이 자꾸만 뒤로 밀렸다. 억지로 집중하려 해도 진도가 나가지 않았다. 결국 노트북만 들고 근처 작은 도서관으로 자리를 옮겼다. 놀랍게도 의자에 앉은 지 5분도 안 돼 손이 움직이기 시작했고, 머릿속에 흐트러져 있던 생각들이 차분히 정리되었다. 노력의 문제가 아니라 장의 구조가 달라진 결과였다. 주변의 조용한 분위기, 일정한 시선의 흐름, 정돈된 책장의 질서가 나의 심리를 다시 정렬해 준 것이다.

흥미로운 건 환경은 우리가 인식하기 전부터 행동에 개입한다는 점이다. 카페에서는 대화가 잘 풀리고, 산책길에서는 고민이 가벼워진다. 장소의 온도나 소음, 빛의 방향, 심지어 공간의 통로 구조까지도 우리의 선택을 유도한다. 그래서 레빈은 행동을 설명할 때 개인의 성향보다 환경의 힘을 더 강조했다. 행동은 '의지'가 아니라 '조건'이 움직이는 방향으로 흘러가기 쉽다는 뜻이다.

이 관점을 삶에 적용하면 행동 변화의 접근 방식이 달라진다. 새 습관을 만들고 싶다면 의지를 끌어올리는 것보다 환경을 조금 바꾸는 게 더 현실적이다. 건강한 하루를 원하면 과자를 서랍 안에 넣고 물을 책상에 두는 일이 효과적이고, 생각을 정리하고 싶다면 집 안을 정돈하거나 잠시 자리를 바꾸는 것이 더 도움이 된다. 행동은 개인의 다짐보다 공간의 구조가 먼저 움직인다.

그래서 나는 어떤 목표를 세울 때 스스로에게 이렇게 묻는다.

"지금의 환경은 내가 원하는 행동을 자연스럽게 돕고 있는가?"

그 질문에 대한 작은 조정 하나가 마음의 방향을 조용히 바꿔놓곤 한다.

장 이론(Field Theory, 1936)

커트 레빈(Kurt Lewin)

인간의 행동은 개인의 성격보다 환경의 구조에 더 크게 영향을 받는다. 결심보다 중요한 것은 결심이 자연스럽게 일어나는 환경이다. 공간, 사람, 시간의 맥락이 바뀌면 행동도 변한다. 결국 환경은 보이지 않는 '행동의 설계자'다.

미루는 진짜 이유를 들여다보면 좋은 점

일을 미루는 날이면 마음이 쉽게 지쳐간다. 해야 할 일을 알고 있으면서도 손이 가지 않고, 생각만 부풀어 올라 하루를 다 소모한 것 같은 느낌이 든다. 예전의 나는 이런 모습을 게으름으로만 해석했다. 하지만 시간이 지나며 알게 됐다. 움직임이 더딘 이유는 성향보다 감정에 가까웠고, 그 중심에는 불안이 자리하고 있었다.

심리학자 조지 에인슬리(George Ainslie)는 '시간 할인 이론(Temporal Discounting Theory)'을 통해 인간의 선택을 설명했다. 먼 미래에 얻을 보상보다 지금 당장 느껴지는 불편을 피하려는 경향이 훨씬 강하게 작동한다는 것이다. 미래의 성취가 중요하다는 사실을 알고 있어도, 눈앞의 부담감이 더 생생해 회피를 선택하는 것이다. 미루는 행동은 의지가 약해서가 아니라, 현재의 긴장을 줄이려는 자연스러운 심리적 반응이라고 할 수 있다.

여기에 완벽주의가 개입하면 상황은 더 복잡해진다. 시작하려는 순간, '해야 한다'라는 의무보다 '잘해야 한다'라는 압박이 앞선다. 첫 시도에서 미흡함이 드러날지 두렵고, 처음부터 높은 완성도를 기대하는 마음이 스스로를 막아선다. 그래서 미루는 행동은 나약함이 아니라 자신을 보호하려는 방식일 수 있다. 불완전한 나와 마주할 용기가 필요했기 때문이다.

하지만 행동을 시작하고 나면 마음이 차분해지는 순간이 찾아온다. 한 줄만 적어도 다음 문장이 자연스럽게 이어지고, 아주 작은 정리 하나도 두려움을 덜어준다. 시작이란 완성도를 증명하는 과정이 아니라 불안을 가볍게 만드는 출발점이다. 생각만 오래 붙잡고 있으면 불안은 커지고, 작더라도 움직이면 미래의 보상이 손에 잡힐 듯 가까워진다.

그래서 나는 미루는 마음이 들 때 스스로에게 조용히 질문한다. "지금 피하고 싶은 건 일인가, 아니면 그 일을 떠올릴 때 생기는 감정인가?" 대부분은 후자였다. 막막함, 부담, 실수에 대한 두려움 같은 감정들이 할 일을 가려 보이게 했을 뿐이다. 일 자체는 생각보다 단순했고, 문제는 감정을 다루는 방식이었다.

완벽해지길 기다리기보다, 불편을 견딜 만큼만 용기를 내면 된다. 아주 작은 시작이 하루의 흐름을 바꾸고, 미래를 향한 시선을 조금 더 선명하게 해준다. 시간을 적으로 느끼는 순간에도, 작은 움직임은 시간을 다시 내 편으로 돌리는 조용한 힘이 된다.

시간 할인 이론(Temporal Discounting Theory, 1975)

조지 에인슬리(George Ainslie)

인간은 먼 미래의 보상보다 지금의 불편을 피하려는 쪽을 택한다. 미루는 습관은 게으름이 아니라 불안과 완벽주의가 만들어낸 자기보호다. 일을 시작하기 어려운 이유는 '해야 한다'가 아니라 '잘해야 한다'의 압박 때문이다. 시작은 완벽보다 빠름이다.

즉시 보상보다 지연된 보상이 오래 남는 이유

요즘은 기다림이 점점 사라지고 있다. 버튼 한 번이면 물건이 문 앞에 도착하고, 예약 없이도 바로 이용할 수 있는 서비스가 늘어났다. 편리함은 생활의 기준이 되었고, 자연스럽게 '조금만 기다려주세요'라는 말은 낯선 문장이 되었다. 나 또한 어느 순간부터 무언가가 지연되면 불편함이 먼저 올라오는 사람이 되어 있었다. 빠르게 오는 것에 길들여진 것이다.

심리학자 B. F. 스키너(B. F. Skinner)는 '조작적 조건형성이론(Operant Conditioning Theory)'을 통해 "인간은 즉각적인 보상에 가장 강하게 반응한다"라고 말한다. 눈앞에서 바로 얻는 만족이 뇌의 도파민 회로를 자극하고, 그 자극이 반복될수록 행동은 빠르게 습관으로 굳어진다. 편리함에 익숙해진다는 말은 곧 뇌가 즉각적 보상에 조건화되고 있다는 뜻이기도 하다. 그래서 작은 지연도 불편으로 느껴지고, 오래 걸리는 일에는 쉽게 흥미를 잃는다.

하지만 삶의 중요한 변화들은 즉각적인 보상과는 거리가 멀다. 새로운 기술을 배우는 과정은 반복된 실패로 이루어지고, 하나의 프로젝트가 완성되기까지는 수많은 시행착오가 따라온다. 단기간에 성과가 보이지 않는다고 해서 그 노력이 무의미한 것은 아니다. 느린 과정에서 축적되는 작은 변화들이 나중에 큰 전환점을 만들어낸다. 나 역시 글을 쓸 때 이런 경험을 자주 한다. 처음에는 아무 문장도 나오지 않아 답답하지만, 며칠 동안 조금씩 다듬다 보면 어느 순간 기존과는 다른 깊이가 생긴다. 변화는 늦게 도착할 뿐, 사라지는 것이 아니었다.

즉각적인 만족은 짧은 쾌감을 주지만, 지연된 보상은 오래 남는다. 스키너의 이론이 말하는 인간의 기본 성향을 인정하되, 그 속에서 느린 속도의 가치를 발견하려는 선택이 필요하다. 꾸준함이란 느린 보상에 익숙해지는 훈련이며, 반복된 작은 행동이 미래의 성장을 조용히 완성한다. 오늘의 미약한 시도 역시 내일의 변화를 준비하는 과정일지도 모른다.

기다림은 비효율이 아니다. 오히려 시간이 나를 만들고 있다는 사실을 믿는 태도에 가깝다. 빠름이 기준이 된 시대에서 천천히 도착하는 변화에 귀 기울일 수 있다면 우리는 더 깊고 단단한 성장을 맞이할 수 있다.

조작적 조건형성 이론(Operant Conditioning Theory, 1938)

B.F. 스키너(B.F. Skinner)

인간의 행동은 즉각적인 보상에 가장 강하게 반응한다. 하지만 좋은 습관의 보상은 대부분 '지연된 형태'로 나타난다. 당장의 자극은 쾌락을 주지만, 지연된 보상은 성장을 남긴다. 꾸준함은 느린 보상에 익숙해지는 훈련이다.

작고 쉬운 루틴이 큰 변화를 만든다

아침에 눈을 뜨면 나는 늘 같은 행동을 반복한다. 침대 위에서 천천히 기지개를 켜고, 물 한 잔을 마시며 목을 적신다. 그리고 창문을 열어 공기를 한 번 바꾼다. 길지 않은 시간인데도 이 짧은 리듬은 하루의 첫 결을 고르게 만든다. 예전에는 이런 작은 행동이 무슨 의미가 있을까 생각했지만, 오랫동안 반복해 보니 마음의 긴장도가 서서히 낮아지는 것을 스스로도 느낄 수 있었다. 변화는 거창한 계획이 아니라, 하루의 작은 리듬에서 시작된다는 사실을 뒤늦게 깨달았다.

습관 연구가이자 심리학적 구조에 기반한 행동 전략가인 제임스 클리어(James Clear)는 "습관은 의지의 문제가 아니라 구조의 문제"라고 말한다. 이는 인간의 뇌가 복잡한 결심보다 반복할 수 있는 단순한 행동에 훨씬 안정적으로 반응한다는 의미다. 의지에만 의존하면 흔들릴 여지가 많지만, 환경과 순서가 고정된 행동은 부담 없이 이어진다. 예를 들어 '하루 30분 운동하기'는 마음의 저항이 크게 일어나지만, '양치 후 5분 걷기'는 이미 자리 잡힌 행동에 가볍게 연결되기 때문에 훨씬 지속 가능하다. 작은 단서와 단순한 절차가 습관의 자동화를 만든다는 것이 그의 연구에서 강조하는 핵심이다.

나 또한 이런 구조의 힘을 경험한 적이 많다. 한때는 계획만 길고 실천은 거의 없는 날들이 반복됐다. 해야 할 일은 명확했지만, 막상 시작하려 하면 마음이 무겁고 집중이 쉽게 흐트러졌다. 그때 아침 루틴을 조금씩 손봤다. 일어나자마자 휴대폰을 보지 않고, 짧게 몸을 풀고, 물을 마시고, 창문을 여는 순서를 만들어 두었다. 단순한 행동이지만, 이 작은 루틴이 하루를 정리하는 '초기 신호'가 되었다. 루틴이 자리 잡히자 책상 앞에 앉는 시간이 자연스럽게 빨라졌고, 집중 역시 이전보다 수월해졌다. 의지가 강해진 것이 아니라, 구조가 나를 밀어준 것이다.

작은 루틴이 주는 힘은 눈에 잘 띄지 않는다. 하루이틀 정도로는 변화가 느껴지지 않아 의미가 없는 것처럼 보일 수도 있다. 하지만 이 단순한 반복은 조용히 영향을 쌓아 올린다. 아침의 일정한 리듬은 마음의 속도를 조절하고, 정돈된 하루는 다음 날의 태도에 긍정적인 잔여 효과를 남긴다. 결국 삶의 형태는 특별한 날이 아니라, 아무렇지 않은 날들의 누적으로 만들어진다.

그래서 오늘도 나는 같은 질문으로 하루를 연다.

"지금의 작은 행동이 어떤 방향으로 나를 이끌고 있는가?"

그 답을 바꾸는 힘은 의지가 아니라, 내가 만들어둔 구조와 리듬에 있다.

습관 쌓기 이론(Habit Stacking Theory, 2018)

제임스 클리어(James Clear)

거대한 변화는 거창한 결심에서가 아니라, 아주 작은 반복에서 시작된다. 뇌는 복잡한 계획보다 단순한 리듬에 더 쉽게 반응한다. '매일 조금씩'은 결코 작지 않다. 작고 확실한 행동이 결국 큰 변화를 이끈다.

강한 결심보다 그것을 유지할 수 있는 환경이 중요하다

운동이 좋다는 건 익히 알고 있지만, 좋아하는 마음과 별개로 몸이 쉽게 움직여지지는 않는다. 필라테스를 등록해 놓고도 수업 시간이 다가오면 늘 고민한다. 갈까, 말까. 결심만으로는 몸이 가볍게 따라오지 않았다. 예전에는 이런 모습을 보며 의지가 약한 사람이라고 스스로를 단정했지만, 시간이 지나며 관점이 조금 달라졌다. 문제는 의지가 아니라, 나를 둘러싼 조건이었다.

심리학자 필립 짐바르도(Philip Zimbardo)는 "사람은 생각보다 약하고, 상황은 생각보다 강하다"고 말한다. 그의 스탠퍼드 감옥 실험은 인간의 본성이 아니라 '상황'이 행동을 얼마나 크게 좌우하는지 보여준 대표 사례다. 환경이 바뀌는 순간, 사람은 예상보다 쉽게 다른 방식으로 행동한다. 이 이론을 떠올리고 나니, 나의 운동 문제 역시 의지 부족이 아니라 구조의 문제일 수 있다는 생각이 들었다.

그래서 방법을 바꿨다. 필라테스 수업 바로 뒤에 외부 약속을 넣어 스케줄 자체를 '움직여야 하는 흐름'으로 만들었다. 운동을 해야 하는 일이 아니라, 자연스럽게 포함된 동선으로 만드는 방식이었다. 이 작은 조정이 의외로 효과가 컸다. 운동을 하러 가기 위해 결심할 필요가 없어지니, 고민도 줄고 참여율도 높아졌다. 상황이 나를 이끈 셈이다.

글쓰기에서도 비슷한 경험을 한다. 집에서는 집중이 잘되지 않던 날, 카페로 자리를 옮기면 생각이 정리되고 문장이 이어졌다. 의지가 강해진 것이 아니라 환경이 나를 움직이게 만든 것이다. 조용한 공간, 일정한 소음, 책상 위의 정돈된 구조가 자연스럽게 집중을 가능하게 했다. 환경이 바뀌면 행동은 그 흐름을 따라갔다. 이 과정에서 나는 스스로를 다그치는 대신, 상황을 정비하는 것이 더 현명한 선택임을 배웠다.

결심은 순간의 열기다. 하지만 그 열기는 주변 구조가 뒷받침되지 않으면 쉽게 식는다. 반대로, 환경이 잘 설계되면 결심 없이도 행동이 이어진다. 좋은 습관은 강한 마음의 산물이 아니라, 행동을 자연스럽게 이끌어주는 조건의 산물에 가깝다.

그래서 요즘 나는 나를 바꾸려 애쓰기보다 주변을 먼저 살핀다. 오늘의 집중은 어떤 자리에 앉느냐에서 시작되고, 운동의 지속은 어떤 동선에 놓이느냐에 따라 달라진다. 의지보다 상황이 강하다는 짐바르도의 말은 일상의 작은 행동들 속에서 더 선명하게 다가온다. 결국, 좋은 행동은 좋은 상황이 만들어낸다.

상황주의(Situationism, 1971)

필립 짐바르도(Philip Zimbardo)

인간의 행동은 성격보다 상황의 맥락에 좌우된다. 스탠퍼드 감옥 실험은 환경이 인간의 도덕 판단까지 바꿀 수 있음을 보여준다. 결심은 순간의 의지지만, 습관은 구조의 결과다. 의지는 상황과 싸우는 게 아니라, 상황을 설계하는 일이다.

슬럼프는 고장이 아니라 리듬의 변화다

가끔 아무 이유 없이 손이 느려지는 날이 있다. 평소라면 금방 해결할 일을 괜히 여러 번 확인하고, 마음은 분명 급한데 움직임은 더딘 그런 날이다. 예전엔 이런 상태가 답답해서 스스로를 탓하곤 했다. '왜 이렇게 집중이 안 될까?', '이러다 뒤처지는 건 아닐까?' 하는 불안이 더해져 몸이 더 굳어졌다. 하지만 시간이 지나며 깨달았다. 이 느려짐은 나태함의 신호가 아니라, 오래 사용해 온 에너지가 바닥나 쉬어야 한다는 몸의 요청이었다.

심리학자 캐럴 드웩(Carol S. Dweck)은 인간의 성장은 고르게 올라가는 직선이 아니라 크고 작은 파동의 반복이라고 설명한다. 그녀는 "능력은 고정된 게 아니라, 상황과 감정의 영향을 받으며 흔들린다"라고 말한다. 슬럼프는 능력이 낮아서 생기는 게 아니라, 지나치게 높은 기대와 반복된 압박이 마음의 여유를 잠시 빼앗았을 때 나타나는 자연스러운 반응이다. 다시 말해 '멈춘 나'가 문제가 아니라, 쉬지 않고 달려온 시간이 문제였다.

나는 그 사실을 회사 생활을 하며 분명하게 느꼈다. 바쁜 시기에는 일을 몰아서 해냈지만, 어느 순간부터는 사소한 메일 하나에도 집중이 어려웠다. 머릿속에서만 계속 일을 정리했지, 실제로 손은 거의 움직이지 않았다. 그러다 문득, 점심시간에 잠깐 회사 밖 벤치에 앉아 햇볕을 쬐었을 때 신기하게도 머리가 다시 맑아졌다. 그 짧은 순간이 흐트러졌던 마음을 되돌려놓았다. 멈춤은 시간을 낭비하는 게 아니라, 정신적 회복을 위한 공간이었다.

드웩의 연구에 따르면, 성장은 '정체 → 재정비 → 회복'의 흐름을 거치는 경우가 많다. 정체된 시간을 받아들이면 불필요한 압박이 줄어들고, 마음이 가벼워지면 다시 집중력이 살아난다. 일시적인 느려짐은 능력의 저하가 아니라, 회복을 위한 자연스러운 과정이라는 뜻이다. 그래서 나는 슬럼프가 올 때 더는 억지로 밀어붙이지 않는다. 대신 몸과 마음의 신호를 살핀다. 덜어낼 일은 덜어내고, 잠시 고개 들어 주변을 바라보며 생각의 방향을 바꾼다. 이런 조율이 오히려 다음 몰입을 돕는다. 잠깐 자리를 옮기거나, 짧은 산책을 하거나, 책상 위를 정리하는 작은 행동 하나가 흐름을 다시 이어준다. 슬럼프가 찾아왔다고 해서 능력이 사라지는 건 아니다. 단지 속도가 잠시 낮아졌을 뿐이며, 그 낮아짐 속에서 다시 힘을 모으는 중이다.

이제는 느려지는 시간도 삶의 일부로 인정하게 되었다. 속도가 줄었다고 해서 멈춘 게 아니다. 그 속에서 마음이 방향을 다시 잡고, 다음 도약을 준비한다. 흐름이 잠시 고요해질 때, 우리는 다시 앞으로 나아갈 힘을 얻게 된다.

몰입 이론(Flow Theory, 1990)

미하이 칙센트미하이(Mihaly Csikszentmihalyi)

인간은 도전의 수준과 능력의 균형이 맞을 때 몰입 상태를 경험한다. 슬럼프는 열정이 식은 게 아니라, 리듬의 불균형이다. 멈춤은 실패가 아니라 조율의 시기다. 속도를 늦추면 다시 흐름이 돌아온다.

반복이 주는 안정감이 새로움을 추구할 힘이 된다

드라이브를 좋아한다. 창밖 풍경이 천천히 옆으로 흘러갈 때, 마음도 같이 풀려 내려가는 느낌이 든다. 그런데 새로운 길로 들어설 때면 여전히 어깨에 힘이 들어간다. 길을 잘못 들면 돌아가야 한다는 생각, 예상치 못한 신호와 차선 때문에 머릿속이 분주해진다.

이에 반해 매주 같은 시간에 같은 길로 가는 학교 가는 길은 다르다. 몇 번을 오가다 보니 어느 지점에서 속도를 줄여야 하는지, 어느 코너를 돌면 햇빛이 차 안으로 쏟아져 들어오는지 자연스럽게 알게 된다. 창밖 나무의 잎 색깔이 조금씩 바뀌는 것만 달라질 뿐, 길 자체는 익숙하다. 그 익숙함이 묘하게 마음을 느슨하게 만든다. 운전은 손이 기억하고, 생각은 비로소 다른 곳으로 옮겨간다.

그 시간은 단순한 이동이 아니다. 전 시간에 들었던 강의를 머릿속에서 다시 꺼내 정리하고, 미처 다 정리하지 못한 감정도 천천히 되짚어 본다. 누구와 나눴던 대화가 떠오르기도 하고, 아직 마무리하지 못한 과제의 방향을 다시 그려보기도 한다. 차는 같은 길을 달리지만, 생각은 그 안에서 조금씩 방향을 바꾼다. 반복되는 학교길이 내게 주는 가장 큰 선물은 '멈추지 않고도 쉴 수 있는 시간'에 가깝다.

찰스 두히그(Charles Duhigg)는 습관을 '신호-행동-보상'의 고리로 설명한다. 같은 요일, 같은 시간에 시동을 거는 행위가 신호가 되고, 익숙한 도로를 따라가는 운전이 행동이 된다. 그러는 과정에 찾아오는 안정감과 여유가 보상된다. 이 고리가 반복될수록 뇌는 "이 시간은 안전하다"라는 메시지를 학습한다. 그래서 일정한 루틴은 지루한 틀이 아니라, 마음을 붙잡아 주는 구조가 된다.

하지만 익숙한 길만 좋은 것이 아니다. 새로운 길은 자극과 활력을 주기 때문이다. 내비게이션에만 의존할 수 없으니 주변을 더 세심하게 살피게 되고, 작은 표지판 하나도 눈에 들어온다. 이 긴장은 삶에 변화를 불러오는 힘이 되기도 한다. 하지만 언제나 낯선 길만 선택한다면 마음은 쉴 틈을 잃는다. 반복되는 길, 반복되는 루틴은 그 자체로 안정의 발판이 된다.

오늘도 같은 시간, 같은 길을 달린다. 내일 다른 선택을 할 수 있도록 오늘은 익숙한 리듬 속에서 나를 추스르는 쪽을 택한다. 매일 마시는 드립커피, 일정한 시간에 여는 창문, 정해진 길을 따라가는 드라이브. 이 사소한 반복들이 쌓여 하루의 균형을 잡아준다. 새로움은 이런 기반 위에서 더 오래 머무를 수 있다. 익숙함을 잘 설계하는 일이 생각보다 마음을 가장 멀리 데려다주는 길인지도 모른다.

익숙함은 지루함이 아니라, 내 마음을 단단하게 지탱해 주는 리듬이다.

습관 루프 이론(Habit Loop Theory, 2012)

찰스 두히그(Charles Duhigg)

모든 습관은 '신호-행동-보상'의 순환 구조로 이루어진다. 나쁜 습관을 바꾸려면, 신호와 보상을 유지한 채 행동만 바꿔야 한다. 반복은 뇌에 안정감을 주는 예측 가능한 리듬이다. 익숙함 속에 안정이 자란다.

동기는 외부보다 내부에서 자란 것이 힘이 세다

한때 나는 사람을 움직이는 힘은 '외부에서 온다'고 믿었다. 성과를 내면 칭찬과 보너스가 따라왔고, 그 순간만큼은 분명 짜릿했다. 하지만 그 기분은 오래가지 않았다. 점점 더 큰 보상을 받아야만 같은 열정을 내려고 하는 내 자신이 낯설어졌다. 동기가 바깥에만 묶여 있으면, 보상이 줄어드는 순간 마음도 함께 식어버린다.

심리학자 에드워드 데시(Edward Deci)와 리처드 라이언(Richard Ryan)은 인간의 동기를 '자기결정성(Self-Determination)'의 관점에서 설명했다. 그들의 이론에 따르면, 사람은 세 가지 욕구가 충족될 때 스스로 움직이고 싶어진다. 선택할 수 있다는 느낌, 무언가를 해낼 수 있다는 감각, 그리고 누군가와 의미 있게 연결되어 있다는 경험. 이 세 가지가 채워질수록 행동은 해야 하기 때문에 하는 것이 아니라 '하고 싶어서' 이어진다.

돌이켜보면, 나는 오랫동안 숫자와 결과를 중심에 두고 살았다. 매출, 성과, 점수 같은 지표를 기준으로 목표를 세우고, 그 기준에 닿지 못하면 스스로를 몰아붙였다. 달성은 했는데 이상하게 허무했다. 이유는 단순했다. 그 목표가 나에게 어떤 의미가 있는지, 내 삶의 방향과 어떻게 연결되는지에 대해 거의 생각하지 않았기 때문이다.

관점을 바꾸기 시작한 건, 작은 질문 하나에서였다. "이 일은 진짜 내 마음이 움직이는 일인가?" 다른 사람에게 설명하기 좋은 목표가 아니라, 내가 이해할 수 있는 이유를 찾아보자고 마음먹었다. 그러자 같은 일이라도 무게가 달라졌다. 괜히 남들이 중요하다고 말해서가 아니라, 나에게도 분명한 의미가 있을 때 피로감이 덜했다. 결과가 늦어져도 덜 조급했다.
자율성이 지켜질 때, 동기는 생명력을 잃지 않는다. 스스로 정한 우선순위에 따라 하루를 설계하면, 같은 업무라도 지시가 아닌 선택에 가깝게 느껴진다. 유능감 역시 숫자로만 측정되지 않는다. 어제보다 이해가 깊어졌는지, 한 사람의 반응이라도 어제와 달라졌는지, 이런 작은 변화들이 "나는 성장하고 있다"라는 신호가 된다. 관계성은 그 모든 과정에 숨을 불어넣는다. 혼자가 아니라는 감각이 수고로움을 덜 버겁게 한다.
이제 나는 목표를 세울 때 숫자만 적지 않는다. 왜 이걸 하고 싶은지, 이 일이 나의 어떤 가치를 살려주는지 함께 적어둔다. 지치고 흔들리는 날에는 그 이유를 다시 읽어본다. 외부의 보상이 사라져도 계속 이어가고 싶은 일인지, 아니면 보상이 끊기면 바로 내려놓고 싶은 일인지가 조금씩 분명해진다.
동기는 남이 심어 줄 수 있는 선물이 아니다. 내 삶의 방향과 닿아 있을 때, 조용하지만 끈질기게 자라난다. 그래서 오늘도 스스로에게 한 번 더 묻는다.

자기결정 이론(Self-Determination Theory, 1985)

에드워드 데시(Edward Deci), 리처드 라이언(Richard Ryan)

외부의 보상이나 평가로 얻는 동기는 오래가지 않는다. 진짜 동기는 자율성, 유능감, 관계성이라는 세 가지 내적 욕구가 충족될 때 지속된다. '스스로 의미를 느낄 때' 사람은 멈추지 않는다.

꾸준함의 비밀

붕어빵 한 가지를 삼십 년 굽는 사람은 결국 장인이 된다는 말이 있다. 단순한 기술을 반복했을 뿐인데 그 반복이 생계를 넘어 삶의 기둥이 된다. 반대로 이것저것 손대다 보면 정작 자신도 먹고살기 어렵다는 말 역시 진실이다. 어느 순간부터 나는 이 말이 단순한 직업 조언이 아니라 '삶을 대하는 태도'에 관한 통찰이라는 걸 깨닫게 되었다. 오래 바라보고 꾸준히 이어가는 힘 자체가 한 사람의 방향을 만든다.

심리학자 앤절라 더크워스(Angela Duckworth)는 이러한 힘을 '그릿(grit)'이라고 정의한다. 재능보다 중요한 것은 끈기이며, 열정의 강도보다 오래 지속되는 안정적인 추진력이 사람을 성장시킨다고 말한다. 그릿은 불꽃처럼 타오르는 열정보다는 잔불처럼 은은하지만 오래가는 마음이다. 쉽게 타오르지 않지만, 한 번 붙으면 쉽게 꺼지지 않는다.

꾸준한 사람의 특징은 완벽함이 아니라 지속성이다. 그들은 넘어지더라도 멈추지 않고, 잠시 길을 잃어도 다시 자신이 가던 방향으로 돌아온다. 나 역시 한때는 이런 속도를 답답하게 여겼다. 함께 출발한 사람들이 앞서가는 모습을 보면 '나는 왜 이렇게 느릴까'라는 생각이 들었다. 그러나 어느 선배의 말이 마음을 붙잡아 주었다. "속도보다 방향이 중요해요." 앞으로 나아가고 있다는 사실보다 중요한 건 '어디를 향하고 있는가'였다.

꾸준함은 의지력이 아니라 '환경과 습관'의 문제일 때가 많다. 매일 정해진 시간에 일어나고, 해야 할 일을 같은 자리에서 이어가는 것. 특별한 동기나 비장한 각오가 없어도, 같은 행동을 반복하는 과정에서 뇌는 예측 가능한 리듬을 만든다. 연구에 따르면 이런 반복은 불안을 줄이고 안정감을 높여, 다시 행동을 지속할 수 있는 내적 기반을 형성한다. 즉 꾸준함은 하루아침의 결심이 아니라 작은 행위들이 이어 붙인 구조다.

요즘은 생각이 달라졌다. 빨리 가는 사람이 멋진 게 아니라, 오래 가는 사람이 멋지다고. 꾸준함은 목적지에 도달하기 위한 수단이 아니라, 걸어가는 과정 자체가 이미 도착의 한 형태다. 속도가 느리더라도 방향이 흐트러지지 않으면 언젠가 자신만의 자리에 도착한다. 그 자리는 다른 누구의 자리와 비교할 필요가 없다.

그래서 나는 오늘도 어제 하던 일을 그대로 이어간다. 특별할 것 없는 반복 속에서 나를 키우는 힘이 자라난다는 걸 이제는 안다. 꾸준함은 거창한 비전이 아니라, 매일 같은 자리로 조용히 돌아오는 작은 선택의 합이다. 그리고 그 선택들은 결국 나를 내가 가고 싶은 곳으로 데려다줄 것이다.

그릿 이론(Grit Theory, 2007)

앤절라 더크워스(Angela Duckworth)

성공을 결정짓는 것은 재능이 아니라 끈기다. 그릿은 열정이 아니라, 의미를 포기하지 않는 지속성이다. 꾸준한 사람은 실패를 무너지지 않는 증거로 삼는다. 방향이 맞는다면 속도는 중요하지 않다.

목표를 작게 쪼개는 기술

책을 처음 쓰기 시작했을 때 가장 먼저 떠오른 질문은 이것이었다. "이걸 언제 다 쓰지?" 한 줄 쓰는 데도 오래 걸리고, 한 페이지를 채우는 일은 더욱 막막했다. 머릿속에는 완성된 한 권의 책이 선명했지만, 손끝은 좀처럼 그 속도를 따라가지 못했다. 그러나 여러 권의 책을 완성한 사람들의 방식을 가까이서 보고 난 뒤, 나는 작업의 방향을 완전히 바꾸게 되었다. 그들은 거대한 목표를 정면으로 마주하지 않았다. 먼저 큰 틀을 만들고, 그 틀을 작은 단위로 계속 쪼갰다. 목차를 나누고, 하루의 분량을 정하고, 다시 세부 항목으로 나누는 식이었다. 그렇게 한 조각씩 쌓아 올리면 어느 순간 전체 윤곽이 자연히 드러났다.

심리학자 앨버트 반두라(Albert Bandura)의 '자기효능감 이론(Self-Efficacy Theory)'은 이 과정을 심리학적으로 설명한다. 반두라는 인간이 앞으로 나아가는 원동력은 '큰 의지'가 아니라 '작은 성공 경험'이라고 보았다. 작은 목표 하나를 달성할 때마다 뇌는 도파민을 분비하고, "좋아, 할 수 있어!"라는 신호를 보낸다. 이 축적된 감각이 행동을 반복시키고, 반복은 결국 성과로 이어진다. 작은 성공이 쌓이면 우리의 '할 수 있다'라는 믿음이 커지고, 그 믿음은 다시 행동을 지속시키는 힘이 된다.

실제로 삶의 많은 영역이 이 논리를 따른다. 방 전체를 치우려고 하면 막막하지만 "책상 위 먼지만 닦자!" 하면 손이 먼저 움직인다. 운동을 결심할 때도 '3kg 빼기'라는 큰 목표는 부담스럽지만, '오늘 15분만 걷기'는 훨씬 가볍다. 작은 행동은 시작을 쉽게 하고, 시작이 되면 지속은 자연스럽게 따라온다. 큰 목표는 방향을 제공하지만, 작은 목표가 실제로 우리를 앞으로 밀어낸다.

이 방식은 단순한 시간 관리법이 아니라 자기 신뢰를 쌓는 심리적 구조다. 반두라가 말한 것처럼 인간은 '성공의 기억'을 통해 성장한다. 작게 나눈 목표가 하나씩 완성될 때마다 우리는 스스로를 믿을 근거를 얻는다. 그 믿음이 쌓이면 꾸준함은 의지가 아니라 자연스러운 흐름이 된다.

책 쓰기도 마찬가지다. 처음에는 가늠조차 어려웠던 페이지가, 작은 조각들을 이어 붙인 뒤에는 어느새 한 권의 형태를 갖추기 시작했다. 결국 '완성'은 거대한 결심에서 오는 것이 아니라, 작고 분명한 행동을 꾸준히 수행하는 과정에서 태어난다.

정리하다 하루가 다 지나가도 괜찮다. 내일은 두 줄만 쓰면 되니까. 그 두 줄이 모여 결국 한 권을 만든다. 중요한 건 속도가 아니라 쌓이는 방향이다.

자기효능감 이론(Self-Efficacy Theory, 1977)

앨버트 반두라(Albert Bandura)

반두라는 '성공 경험'이 자기효능감을 형성한다고 보았다. 작은 목표를 세워 성취할 때마다 우리는 '할 수 있다'라는 믿음을 강화한다. 이때 뇌는 도파민을 분비하며 행동의 지속을 돕는다. 즉, 큰 목표를 작게 쪼개는 일은 단순한 계획이 아니라, 자기 신뢰를 쌓는 심리적 기술이다.

습관에 관한 '21일 법칙'은 과연 진짜일까?

"습관은 21일이면 만들어진다"라는 말은 듣기에는 큰 위로가 된다. 딱 3주만 버티면 새로운 내가 될 것 같으니까. 그래서 나도 한때 그 말을 믿었다. 매일 10분씩 그림을 그리겠다고 마음먹었을 때, 머릿속엔 단순한 계산이 있었다. 21일만 넘기면, 그다음부터는 자동으로 손이 움직이겠지 하는 기대였다.

하지만 3주가 지나도 상황은 달라지지 않았다. 붓을 드는 일은 여전히 어색했고, 하루쯤은 쉬어도 괜찮겠다는 속삭임이 자꾸 들려왔다. '나는 의지가 약한가?' 하는 자책이 고개를 들 무렵, 필리파 랄리(Phillippa Lally)의 연구를 알게 되었다.

그는 런던 대학에서 사람들의 일상 행동을 수개월에 걸쳐 관찰했다. 아침에 물을 마시는 일, 저녁마다 운동을 나가는 일 같은 사소한 행동들이 습관으로 굳어지는 데 걸리는 시간을 분석한 결과, 평균 66일이 필요하다는 결론이 나왔다. 가장 짧게는 18일, 가장 길게는 254일, 21일은 어디에도 기준이 아니었다. 이 사실을 알고 마음이 조금 위로되었다.

습관은 정해진 날짜에 "완성되었습니다." 하고 찍히는 도장이 아니다. 어떤 사람에게는 3주면 충분하지만, 어떤 사람에게는 반년이 걸릴 수도 있다. 중요한 건 며칠째인지가 아니라, 오늘 한 번 더 반복했는지에 가깝다.

그렇게 생각을 바꾼 뒤부터 나의 접근 방식도 조금 달라졌다. '오늘도 10분만 그려보자'라는 약속 하나만 지키기로 했다. 잘 그리는 건 잠시 내려놓고, 자리에 앉는 일 자체를 목표로 삼았다. 신기하게도 40일이 지나갈 즈음부터는 그림을 그리지 않은 날이 오히려 허전해졌다. '억지로 해야 하는 일'이 아니라 '안 하면 어색한 일'이 된 것이다. 이 지점에서 나는 비로소 깨달았다. 습관은 의지의 승부가 아니라, 몸과 마음이 천천히 적응하는 과정이라는 것을.

랄리의 연구는 말해준다. 습관 형성의 핵심은 속도가 아니라 일관성이라고. 하루 빠졌다면 다시 시작하면 되고, 조금 늦어졌다면 그 지점에서 이어가면 된다. 중요한 것은 스스로와의 약속을 어느 정도의 길이로 유지해 갈 수 있는가이다. 그래서 이제는 달력을 보며 '며칠째인지'를 세기보다 잠들기 전에 스스로에게 한 가지만 묻는다.

"오늘도 했는가."

그 질문에 "그래, 조금이나마 했다"라고 답할 수 있다면, 습관은 이미 내 안에서 조용히 자라나고 있는지도 모른다.

습관 형성 이론(Habit Formation Theory, 2009)

필리파 랄리(Phillippa Lally)

랄리는 런던 대학(UCL)에서 일상 행동이 습관으로 자리 잡는 데 걸리는 평균 기간을 연구했다. 그 결과, 새로운 습관이 자동화되기까지 평균 66일이 소요되며, 개인차에 따라 18일에서 254일까지 다양하다는 사실을 밝혀냈다. 즉, '21일 법칙'은 단순화된 통념일 뿐이며, 중요한 것은 기간이 아니라 일관된 반복이다. 습관은 완성되는 것이 아니라, 매일 다시 쌓이는 과정이다.

6장

생각의 함정

(Cognitive Bias and Self-Deception)

믿고 싶은 대로 보이는 이유

사람은 보고 싶은 것만 본다. 듣고 싶은 말만 듣고, 마음이 덜 아픈 방향으로 세상을 해석한다. 같은 말을 들어도 어떤 사람은 위로로 받아들이고, 어떤 사람은 공격으로 느낀다. 마음이 견딜 수 있는 선이 사람마다 다르기 때문이다.

심리학자 레온 페스팅거(Leon Festinger)는 이런 마음의 움직임을 '인지 부조화(Cognitive Dissonance)'라는 개념으로 설명한다. 내가 믿고 싶은 것과 눈앞의 사실이 충돌할 때, 사람은 강한 불편함을 느낀다. 이때 우리는 사실을 있는 그대로 받아들이기보다 기억을 선택적으로 꺼내거나, 상황을 다시 해석해 마음의 불편함을 줄이려 한다. 진실을 바꾸지 못하니 해석을 바꾸는 쪽을 택하는 것이다.

관계에서도 비슷한 장면이 자주 나타난다. 이미 마음속에서 내린 결정을 현실이 흔들어 놓을 때, 우리는 스스로에게 말한다. '설마, 그럴 리 없어.' 분명 반복되는 말과 행동이 눈앞에 있는데도, 예전의 좋았던 모습만 떠올리며 상대를 감싸고 돈다. 상처를 막기 위해 자신을 속이는 선택을 하는 셈이다. 틀린 선택이라는 걸 어렴풋이 알면서도 그 사실을 인정하는 순간 무너질 것 같아 애써 유리한 증거만 찾아 모은다.

나 역시 그런 순간을 여러 번 마주했다. 이미 마음이 알고 있는데도 "아직은 아닐 거야"라는 말로 시간을 미루곤 했다. 지금 돌아보면, 용기가 없어서라기보다 감당할 여력이 없었던 때가 많았다. 진실을 받아들이는 일은 언제나 감정의 진동을 동반한다. 관계의 끝, 일의 실패, 나에 대한 실망 같은 것들은 머리보다 가슴이 먼저 다친다. 그래서 사람은 진실보다 마음의 균형을 우선으로 지키려 한다.

그렇다고 해서 인지 부조화를 모두 나쁜 것이라 할 수는 없다. 때로는 당장의 충격을 완충해 주는 장치가 되기도 한다. 다만, 그 상태에 오래 머물 때 문제가 생긴다. 불편한 사실을 계속 밀어내다 보면, 현실과 마음의 간극이 점점 벌어지고, 어느 순간 삶 전체가 설명되지 않는 피로감으로 가득 찬다.

진실을 있는 그대로 바라보는 일은 언제나 서툴고 어렵다. 하지만 그 불편함을 조금씩 감내할 때, 비로소 선택의 방향이 달라진다. "내가 보고 싶은 것만 보고 있지는 않은가?", "지금의 해석이 나를 지키는 동시에 나를 가두고 있지는 않은가?" 이 두 가지 질문만으로도 삶은 조금 더 솔직한 쪽으로 움직이기 시작한다.

우리는 끝까지 완전히 객관적일 수는 없지만, 스스로를 속이지 않으려는 태도만은 선택할 수 있다. 마음이 흔들리는 그 지점에서 잠시 멈춰 서서 불편한 진실과 조용히 마주 앉아 보는 일. 어쩌면 성장은 거창한 결심이 아니라 그 순간을 피하지 않으려는 작은 용기에서 시작되는지 모른다.

인지 부조화 이론(Cognitive Dissonance Theory, 1957)

레온 페스팅거(Leon Festinger)

페스팅거는 인간이 자신의 신념·태도·행동 사이에 불일치가 생기면 심리적 긴장을 느끼며, 이 불편함을 줄이기 위해 생각이나 기억, 현실 해석을 바꾸려 한다고 보았다. 사람은 사실 그 자체보다 '내가 일관된 사람이라는 느낌'을 지키려 하기 때문에 때로는 진실을 축소하거나 왜곡하기도 한다. 인지 부조화 이론은 우리가 왜 불편한 진실을 외면하고, 잘못된 선택을 합리화하는지 이해하게 해주는 핵심 개념이다.

당연하지만, 세상은 흑백처럼 단순하지 않다

어릴 때 나는 세상이 꽤 간단하다고 믿었다. 옳은 말과 틀린 말이 있고, 좋은 사람과 나쁜 사람이 있고, 기쁜 감정과 슬픈 감정이 있다고 생각했다. 마음이 복잡해질 틈 없이, 둘 중 하나만 고르면 될 것 같았다. 이분법은 세상을 이해하기 쉽게 만들어주는 간단한 도구였다.

하지만 살아가면서 점점 그 도구는 맞지 않는 옷이 되었다. 좋은 사람인데도 미운 순간이 있었고, 하고 싶은 일인데도 도무지 의욕이 나지 않는 날이 있었다. 행복한데 허무했고, 고마운데 서운했다. 그때서야 알았다. 세상은 흑과 백으로 나뉘지 않고, 수많은 회색 톤으로 이어져 있다는 것을. 그 애매함이야말로 삶의 실제 질감이라는 것을.

인지치료의 창시자인 애런 벡(Aaron Beck)은 극단적인 사고가 우울과 불안을 키운다고 보았다. '항상', '전혀', '완전히' 같은 단어가 자주 떠오를수록 마음은 스스로를 몰아세우기 쉽다. 한 번 실수하면 '나는 원래 못 하는 사람'이 되고, 관계에서 한 번 갈등이 생기면 '이 관계는 끝났다'라고 단정한다. 현실은 그렇게 단순하지 않은데, 생각이 현실을 앞질러 버리는 것이다.

이런 흑백 사고는 일상 곳곳에서 모습을 드러낸다. 발표를 무사히 마쳤는데 마지막에 한 문장을 틀린 기억만 남아 '오늘은 완전히 망했다'라고 느낀다. 상대가 한 번 연락을 늦게 했을 뿐인데 '나를 중요하게 생각하지 않나 봐'라는 결론으로 비약한다. 한쪽으로만 기울어진 해석은 마음을 지키려는 시도처럼 보이지만, 실제로는 자신을 점점 좁은 구석으로 몰아붙인다.

관계에서도 회색의 영역을 허용하는 태도가 필요하다. 누군가를 깊이 아끼면서도 그 사람의 특정 행동은 불편할 수 있다. 좋아하는 면과 답답한 면이 동시에 존재하는 순간, 우리는 '그래도 좋은 사람' 혹은 '사실 별로인 사람' 중 하나를 성급히 고르고 싶어진다. 그러나 애정과 실망이 공존하는 상태를 그대로 인정할 수 있을 때, 관계는 비로소 현실에 가까워진다. 완벽한 사람만 곁에 두겠다는 마음은 아무와도 오래 가지 못하겠다는 뜻과 비슷하다.

그리고 자신을 대하는 태도에서도 회색을 허락하는 일은 중요하다. 잘한 점과 부족한 점을 동시에 보는 연습, '완벽한 성공'과 '완전한 실패' 사이에 수많은 단계가 있다는 사실을 기억하고 '이번에는 이만큼 해냈다'라는 문장을 마음속에 남겨둘 수 있을 때, 다음 시도를 위한 에너지가 생긴다.

세상에는 애매한 날이 더 많고, 설명하기 어려운 감정이 더 많다. 불분명함을 모두 없애려 하기보다, 그 사이에 머무는 법을 배우는 쪽이 오히려 마음을 단단하게 만든다. 흑과 백만 허용하던 시선이 조금씩 넓어질 때 사람은 자신과 타인을 덜 판단하고, 더 이해하려는 쪽으로 기울어지게 된다.

인생이란 선명한 정답을 찾는 시험지가 아니라 수많은 회색의 농도를 조절해 가는 과정에 가깝다. 오늘의 마음이 완전히 밝지도, 완전히 어둡지도 않을 수 있다는 것을 인정하는 순간, 비로소 숨 쉴 여지가 생긴다. 그 여유 속에서 우리는 조금 더 유연한 사람이 되어 간다.

인지치료 이론(Cognitive Therapy Theory, 1979)

애런 벡(Aaron Beck)

우울하거나 불안한 사람일수록 '전부 아니면 전무'의 사고방식에 갇힌다. 세상을 흑과 백으로만 구분하면 모든 관계가 극단으로 치닫는다. 감정과 판단은 본래 스펙트럼이다. 회색의 세계를 볼 줄 아는 것이 성숙한 인식의 시작이다.

미래에 대한 지나친 걱정 대신 현재를 살아야 하는 이유

나는 생각이 많은 편이다. 겉으로는 여유로워 보이지만, 머릿속은 늘 붐빈다. 오늘 해야 할 일, 내일 닥칠 일, 언젠가 올지조차 모르는 일들까지 한꺼번에 떠올라 마음속에서 끝없이 회의가 열린다. 자동차 키를 손에 쥔 채 키를 찾고, 커피를 내리면서 전기포트를 또 올려두는 날이면 몸이 아니라 마음이 먼저 지친다는 걸 실감한다.

심리학자 앨버트 엘리스(Albert Ellis)는 "사람을 괴롭히는 건 사건이 아니라, 그 사건을 해석하는 비합리적인 믿음"이라고 말한다. 일이 조금만 꼬여도 '큰일 났다'라는 생각이 앞서고, 누군가의 표정이 평소와 다르면 '관계가 달라진 건 아닐까?'라는 결론부터 내린다. 현실은 '작은 문제'인데, 내 머릿속에서는 이미 '인생의 위기'이다. 생각이 더 큰 파도를 일으키는 셈이다.

나는 오랫동안 걱정을 준비성의 다른 이름이라 여겼다. '혹시 안 되면 어떡하지?', '분명 실수한 게 틀림없어.' 이런 생각들을 미리 굴리면 덜 다칠 거라 믿었다. 하지만 엘리스의 말처럼 그 믿음 자체가 비합리적일 때 마음은 점점 더 경직된다. 불확실한 세상에서 모든 변수를 예측하려 할수록 삶은 과민해지고, 사람을 대하는 시선도 조심스러움이 아니라 경계에 가까워진다.

어느 날 문득 이런 질문을 던졌다. "내가 지금껏 밤새워 걱정한 일 중에서 실제로 일어난 건 얼마나 될까?" 대부분 일어나지 않았다. 걱정하는 일이 벌어질 때도 있지만 상상만큼 비극적이지도 않았다. 그때 깨달았다. 나는 내일의 불행을 줄이기보다 내일의 가능성이라면서 수많은 장면을 미리 소비하며 오늘을 약하게 만들고 있다는 것을. 결국 내일의 걱정은 미래를 지켜주는 보험이 아니라 현재를 갉아먹는 습관에 가깝다. 아직 오지 않은 날을 미리 앓고, 미리 피곤해지고, 미리 실망하는 것은 내일의 위험을 줄이기 위해서가 아니라 '지금 아무것도 하지 못하는 나'를 합리화하기 위한 것인지 모른다. 불안은 준비가 아니라, 통제를 놓지 못한 마음의 긴장일 때가 많다.

그래서 요즘은 질문을 조금 바꿔본다. "이 걱정은 나를 움직이게 하나, 아니면 나를 묶어두나." 앞으로의 행동 계획을 정리하게 만드는 생각이라면 의미가 있지만, 같은 장면만 반복 재생하면서 마음만 헤집어 놓는 걱정이라면 거기서 멈추려 한다. 내일을 완벽하게 통제할 수 없다는 사실을 인정하면, 오늘 해야 할 일들이 오히려 선명해진다.

물론 걱정을 한번에 없앨 수는 없다. 생각이 많은 사람은 여전히 생각이 많다. 다만 이제는 모든 생각을 '진실'로 받아들이지 않을 것이다. 떠오르는 걱정을 한 발짝 떨어져 바라보며 속으로 묻는다. '정말 그런가?', '증거가 있나?' 이 소박한 질문들이 마음속에서 폭주하던 상상을 조금씩 늦춘다.

내일의 걱정은 내일의 내가 감당할 몫으로 남겨두려 한다. 오늘의 나는 오늘을 잘 버티고, 잘 누리면 된다. 걱정을 줄인다고 불확실함이 사라지진 않겠지만, 최소한 아직 아무 일도 일어나지 않은 이 순간의 평온은 지킬 수 있다. 생각이 많은 사람에게 필요한 건 생각을 없애는 기술이 아니라 어느 생각에 머물고 어느 생각은 그냥 흘려보낼지 선택하는 연습인지도 모른다.

합리 정서 행동 이론(Rational Emotive Behavior Therapy, REBT, 1957)

앨버트 엘리스(Albert Ellis)

인간은 사건 자체보다 사건을 해석하는 '비합리적 신념' 때문에 고통 받는다. "이제 끝이야!" 같은 생각이 불안을 키운다. 걱정은 대비가 아니라 통제의 욕망이며, 불확실함을 없애려는 시도가 오히려 불안을 지속시킨다.

얻는 것보다 잃는 것이 더 크게 느껴지는 이유

살다 보면 '잃을까 봐' 멈춰 서는 순간이 있다. 새로운 일을 시작하려다가도, 오래된 관계를 정리하려다가도 발이 떨어지지 않는다. 겉으론 손해가 두려운 것 같지만, 조금만 들여다보면 그 안에는 '지금 이 익숙함이 사라질지도 모른다'라는 불안이 더 크다. 나를 지켜주던 일상과 자리를 내려놓는 일은 언제나 생각보다 훨씬 어렵다.

행동경제학자 대니얼 카너먼(Daniel Kahneman)과 아모스 트버스키(Amos Tversky)는 이런 마음을 '손실 회피 성향'으로 설명한다. 사람은 같은 금액을 얻는 기쁨보다, 잃는 고통을 두 배 이상 크게 느낀다는 것이다. 이 감정의 비대칭 때문에 우리는 조금만 손해가 보일 것 같아도 멈추고, 눈앞의 이득보다 잃을지도 모르는 가능성을 먼저 떠올린다. 덕분에 불필요한 위험을 피하기도 하지만, 동시에 새로운 기회를 통째로 흘려보내기도 한다. '그냥 이대로 살자'라는 마음 뒤에는 종종 '잃고 싶지 않다'라는 두려움이 숨어 있다.

나 역시 그랬다. 익숙한 일, 익숙한 사람, 익숙한 하루 속에서 큰 문제 없이 지내왔다. 밖에서 보면 안정된 삶처럼 보였고, 나도 한동안은 그 평온함에 기대었다. 그런데 시간이 지나자 알게 되었다. 그 자리도 나를 지켜주는 동시에 다른 가능성으로 향하는 문을 조용히 잠그고 있었다는 사실을. 변화가 두려워 같은 자리를 고수하는 동안, 내 나이와 시간은 묵묵히 앞으로만 움직이고 있었다.

손실을 피하는 삶은 안전해 보이지만, 그 안에는 보이지 않는 비용이 쌓인다. 하지 않은 선택, 시도하지 않은 일, 말하지 못한 마음들은 숫자로 계산

되지 않을 뿐, 이 역시 삶에 남는 손실의 한 종류다. 카너먼과 트버스키의 말대로라면 우리는 손실을 과대평가하는 존재이지만, 정작 '안전함만을 좇다가 잃어버리는 것들'에 대해서는 잘 생각하지 않는다.

그래서 나는 손실을 바라보는 관점을 조금 바꾸어 보려 한다. 손실은 실패의 증거가 아니라 경험의 세금일 수 있다. 새로운 길을 택하다 보면 돈을 잃을 수도 있고, 관계가 어색해질 수도 있고, 자존심이 다칠 수도 있다. 그러나 그 과정에서 배우는 것, 비워진 자리에 들어오는 다른 인연과 기회들까지 합쳐 보면, 그것이 정말 '온전한 손해'였는지는 다시 따져볼 일이다.

완벽한 선택은 어디에도 없다. 어떤 선택을 하든 크고 작은 잃음은 따라온다. 중요한 건 손실이 없느냐가 아니라, 내가 감당할 수 있는 손실의 범위를 어디까지로 설정할 것인가에 가깝다. 조금 상처받을 각오, 약간의 불편을 견딜 용기, 약간의 실패를 허용하는 마음이 생길 때 비로소 삶의 방향은 넓어진다. 그래서 언젠가 "그래도 한번 해보길 잘했다"라고 말할 수 있다면, 그 과정에서 치른 손실은 인생을 깎아내린 비용이 아니라, 나를 넓혀준 대가에 가깝다. 지금 망설이는 그 선택 앞에서, 나는 오늘도 조용히 묻는다.

"여기 머무르는 대가와 한 걸음 내디딜 때의 대가 중 나는 어느 쪽을 감당할 준비가 되어 있을까?"

전망 이론(Prospect Theory, 1979)

대니얼 카너먼(Daniel Kahneman), 아모스 트버스키(Amos Tversky)

사람은 얻는 기쁨보다 잃는 고통에 두 배 이상 민감하다. 그래서 위험을 피하려다 더 큰 기회를 놓치기도 한다. 손해는 불운이 아니라 경험의 비용이다. 감당 가능한 손실을 받아들이는 순간, 인생은 다시 움직인다.

첫인상은 생각보다 자주 틀린다

처음 만난 사람도 우리는 놀라울 만큼 빠르게 판단을 내린다. 환하게 웃으면 친절할 것 같고, 말이 적으면 멀게 느껴진다. 표정과 몇 마디의 말로 성격을 짐작하고, 그 짐작을 진실처럼 받아들인다. 그러나 시간이 지나고 나면 알게 된다. 웃는 얼굴이 항상 마음의 온도를 말해주지는 않으며, 말이 적어도 마음이 따뜻한 사람은 얼마든지 있다는 사실을.

심리학자 솔로몬 애쉬(Solomon Asch)는 이런 인간의 성향을 '후광효과(Halo Effect)'로 설명한다. 한 가지 긍정적 혹은 부정적 정보가 다른 특성까지 덮어버리는 오류. 잘생긴 사람을 보면 능력까지 뛰어날 거라고 믿고, 한 번 다정하게 대하는 사람은 성품 전체가 좋을 것으로 생각한다. 이 순간 우리는 상대를 보고 있다고 믿지만, 실제로는 '내 기대'를 보며 판단하는 중일지도 모른다.

하지만 관계는 시간이 쌓이면서 전혀 다른 얼굴을 드러낸다. 첫 만남에서는 차갑다고 느껴졌던 사람이 정작 결정적인 순간에 따뜻한 위로를 건네기도 하고, 처음엔 매력적으로 보였던 사람이 갈등 앞에서 의외로 공감 능력을 잃기도 한다. 사람의 진짜 모습은 짧은 순간이 아니라, 일관성과 행동의 축적 속에서 비로소 드러난다.

돌아보면 나도 그 오류에서 자유롭지 못했다. 첫인상 하나로 상대를 규정하고, 그 틀에 맞지 않는 행동은 애써 외면한 적이 많았다. 그러나 어느 날 전혀 다르게 다가온 한 사람을 통해 깨달았다. 인상이란 고정된 낙인이 아니라 '흐르는 정보'라는 사실을. 사람을 단면으로 판단하는 건 책의 첫 장만

읽고 내용을 전부 안다고 말하는 것과 다르지 않았다.

그래서 요즘은 사람을 볼 때 조금 더 느린 방식을 택한다. 겉보다 태도를, 순간보다 일관성을 본다. 말투보다 선택을, 이미지보다 행동을 살핀다. 첫인상은 누구나 만들 수 있지만, '좋은 인상'은 시간이 빚어낸다. 시간이 흘러도 같은 마음으로 남아 있는 사람, 흔들리는 순간에도 본질이 드러나는 사람, 그런 사람이 진짜 좋은 인상을 남긴다.

그리고 나는 문득 이런 결론에 닿는다. 빠른 판단은 쉽지만, 정확한 판단은 시간이 필요하다. 빛이 강하면 그림자도 짙듯, 사람의 진짜 모습은 경험 속에 숨어 있다.

처음보다 시간이 흐른 뒤 더 따뜻하게 기억되는 사람, 그런 사람이 되고 싶다.

인상 형성 이론(Impression Formation Theory, 1946)

솔로몬 애쉬(Solomon Asch)

인간은 몇 초 만에 타인의 성격을 판단한다. 하지만 그 판단은 대부분 '후광효과(halo effect)'에 의해 왜곡된다. 한 가지 좋은 인상이 나머지 평가를 지배하기 때문이다. 사람은 첫인상이 아니라, '이후의 일관성'으로 이해되어야 한다.

숫자 하나에도 생각이 쉽게 흔들리는 이유

살다 보면 숫자가 사람의 행동을 얼마나 쉽게 이끄는지 실감할 때가 있다. "할인 30%", "만족도 95%" 같은 문장을 보면, 아직 장바구니에도 넣기 전인데 마치 현명한 소비를 한 것 같은 기분이 든다. 숫자는 명확하고 객관적으로 보이기 때문에 우리의 판단을 부드럽게, 그러나 강력하게 흔든다.

심리학자 아모스 트버스키(Amos Tversky)와 대니얼 카너먼(Daniel Kahneman)은 이러한 현상을 '앵커링 편향(Anchoring Bias)'으로 설명한다. 첫 번째로 본 숫자가 마음의 닻이 되어 이후의 판단을 왜곡하는 인지 오류다. 예를 들어 처음 제시된 '정가 10만 원'이라는 가격이 닻이 되고, 판매가 7만 원이 되면 우리는 실제 가치와 무관하게 '3만 원을 벌었다'라고 느낀다. 하지만 그 제품의 본래 가치는 처음부터 7만 원일지도 모른다. 숫자가 만들어낸 기준이 판단을 빗나가게 하는 것이다.

이런 오류는 소비뿐 아니라 삶 전반에 스며든다. 학교 성적이 높으면 성실할 거라고 생각하고, 연봉이 높으면 능력도 뛰어날 거라 믿으며, 팔로워가 많으면 영향력까지 클 거라 단정한다. 숫자가 곧 사람의 가치를 대변하는 것처럼 여겨질 때, 우리는 숫자가 가진 '명확함'에 속아 본질을 놓친다.

나 역시 그런 함정을 여러 번 겪었다. 한때는 목표를 숫자로만 세웠고, 그 숫자를 달성하면 행복해질 것이라 믿었다. 하지만 숫자는 늘 새로운 기준을 요구했고, 만족감은 오래 지속되지 않았다. 숫자가 오르내릴 때마다 감정도 같이 흔들렸다. 그때 깨달았다. 숫자는 나의 삶을 요약해 주지 못한다는 사실을.

숫자가 강력한 이유는 그것이 '비교'를 가능하게 만들기 때문이다. 비교는 명확하지만, 동시에 우리를 쉽게 좁은 시야로 몰아넣는다. 무엇이 더 나은지, 얼마나 더 많은지, 지금 어디쯤 있는지. 우리는 순식간에 숫자의 언어 속에서 자신을 평가한다. 그러나 인간의 삶에는 숫자로 설명할 수 없는 감정과 경험이 훨씬 많다. 누군가의 따뜻한 배려, 오랜 시간 쌓아온 신뢰, 사랑의 깊이 같은 것들은 그 어떤 수치로도 환산할 수 없다.

그래서 요즘은 숫자를 볼 때 먼저 질문을 던진다. "이 숫자가 말해주지 않는 건 무엇일까?" 맥락을 보고, 과정을 살피고, 숫자 뒤의 이야기를 생각한다. 그러면 판단이 놀랄 만큼 달라진다. 숫자는 생각보다 훌륭한 도구지만, 결코 우리의 나침반이 될 수 없다. 그 안에 담긴 삶의 결이 훨씬 더 중요하기 때문이다.

앵커링 편향 이론(Anchoring Bias Theory, 1974)

아모스 트버스키(Amos Tversky), 대니얼 카너먼(Daniel Kahneman)

인간은 처음 제시된 숫자나 정보(앵커)에 지나치게 의존한다. 가격표, 통계, 수치가 객관적 진실처럼 보이지만, 그것들은 해석에 따라 전혀 다르게 느껴진다. 숫자는 진실을 말하지 않는다. 그 숫자가 나온 '맥락'을 읽을 때 비로소 의미가 생긴다.

기대가 현실을 바꾼다

우리는 종종 능력은 타고난 것이라 생각한다. 어떤 아이는 원래 공부를 잘하고, 어떤 사람은 애초부터 추진력이 강하다고 믿는다. 하지만 심리학은 다른 이야기를 들려준다. 능력이란 고정된 특성이 아니라, 누군가의 기대와 시선 속에서 조금씩 깨어나는 가능성일 수 있다는 것을.

1968년, 심리학자 로버트 로젠탈(Robert Rosenthal)과 레노어 제이컵슨(Lenore Jacobson)은 유명한 실험을 진행했다. 그들은 교사들에게 무작위로 학생 몇 명의 이름을 건네며, "이 아이들은 곧 성적이 크게 오를 겁니다"라고 말했다. 실제로는 아무런 기준 없이 이름만 고른 것이었지만, 한 학기가 지난 후 그 학생들의 성적은 놀랍게도 눈에 띄게 상승했다. 교사의 기대가 학생의 행동을 바꾸고, 변화된 행동이 끝내 성취를 끌어낸 것이다. 이 현상은 '피그말리온 효과(Pygmalion Effect, 1968)'라는 이름으로 심리학 역사에 남았다.

이 실험이 말해주는 건 단순하다. 기대는 누군가의 능력을 이끌어내는 은밀한 촉진제다. 믿음은 격려를 넘어 행동을 변화시키고, 행동의 변화는 시간 속에서 현실을 다시 구성한다. 타인의 시선이 만든 가능성이 결국 한 사람의 미래가 되는 셈이다.

돌아보면 우리도 그런 순간을 여러 번 겪었다. 누군가 아무렇지 않게 건넨 "너라면 할 수 있어"라는 말이 마음속에 작은 불씨처럼 남아서 시간이 지나 행동의 원동력이 되었던 경험. 그 말 하나가 방향을 잃은 마음을 붙잡아 주었고, 의심하던 가능성에 조용히 불을 붙여준 순간들. 기대는 그저 낙관의 표현이 아니라 가능성을 일으켜 세우는 시작점이었다.

기대의 힘은 관계에서도 확인된다. 우리는 자신을 믿어주는 사람 앞에서 더 좋은 사람이 되고 싶고, 그 기대에 부응하기 위해 조금 더 노력하게 된다. 기대는 누군가를 압박하는 힘이 아니라, 그 사람 안에 이미 존재하는 잠재력을 바라보는 시선이다. 그리고 인간은 그 시선 속에서 스스로를 다시 정의한다. “나는 할 수 있다”라는 감각은 외부의 믿음이 내부의 신념으로 번역되는 과정 속에서 태어난다.

그렇다고 기대가 과장된 환상을 의미하는 것은 아니다. 현실을 무시한 지나친 기대는 부담이 되고 오히려 역효과를 낳기도 한다. 중요한 건 가능성을 바라보는 균형 잡힌 기대이다. 아직 완성되지 않은 부분을 부족함으로 판단하지 않고, 성장할 여지로 바라보는 태도. 그 시선이 사람을 움직인다.

나는 이제 어떤 말이 가장 힘이 되는지 알게 되었다. “괜찮을 거야”라는 말은 단순한 위로가 아니라, 아직 다가오지 않은 미래를 향해 건네는 조용한 예언 같은 말이다. 기대는 미래를 단정하지 않지만, 미래가 열릴 가능성을 넓혀준다.

다정한 기대는 누군가의 오늘을 바꾸고, 그 변화는 내일을 다시 만든다. 믿음은 생각보다 멀리 간다.

피그말리온 효과(Pygmalion Effect, 1968)

로버트 로젠탈(Robert Rosenthal), 레노어 제이컵슨(Lenore Jacobson)

타인의 기대는 스스로를 향한 암시가 된다. “당신은 할 수 있다”는 믿음은 단순한 격려가 아니라 실제 행동을 변화시키는 심리적 자극이다. 기대는 곧 예언이 된다. 우리가 믿는 만큼 현실은 바뀐다.

결정에는 많은 에너지가 필요하다

아침에 눈을 뜨고 나서 잠들기 전까지 우리는 셀 수 없을 만큼 많은 선택을 한다. 어떤 옷을 입을지, 커피는 아이스로 할지 뜨겁게 할지, 회신을 지금 보낼지 조금 미룰지. 하나하나는 별것 아닌 결정처럼 보이지만, 마음은 그때마다 작게 힘을 쓴다. 그리고 그 작은 힘이 모이면 어느 순간 이유 모를 피로가 찾아온다.

심리학자 로이 바우마이스터(Roy Baumeister)는 이를 '결정 피로(decision fatigue)' 현상이라고 말한다. 인간은 하루에 사용할 수 있는 결정 에너지가 한정되어 있고, 그 에너지는 선택을 반복할수록 줄어든다. 그래서 오전에는 사소한 일에도 침착하지만, 오후가 되면 판단이 흐려지고 집중력은 빠르게 떨어진다. 감정의 균형도 쉽게 무너진다. 하루 종일 많은 일을 한 것이 아니라 많은 선택을 한 탓이다.

흥미로운 사실은 효율적인 사람들은 이 사실을 직관적으로 알고 있다는 점이다. 스티브 잡스가 늘 같은 옷을 입었던 이유, 작가 무라카미 하루키가 매일 똑같은 시간에 달리기를 했던 이유는 단순한 취향이 아니다. 불필요한 선택을 줄여 가장 중요한 일에 에너지를 남기기 위한 전략이다. '선택의 절약'은 삶을 단순하게 만드는 방식이 아니라 마음을 지키는 기술이다.

우리의 피로가 일의 양 때문에 오는 줄 알았지만, 사실은 그보다 '선택의 개수'가 더 큰 부담을 줄 때가 많다. 아침 메뉴를 고르고, 업무 우선순위를 정하고, 사람들의 메시지에 답하며 하루를 조율하다 보면 마음의 에너지는 어느새 바닥을 드러낸다. 계속 판단하고 비교하는 과정이 우리를 지치게 하는 것이다.

그래서 가끔은 선택을 미루거나 아예 접어두는 편이 나을 때도 있다. 점심 메뉴는 어제 먹었던 걸로 정해두고, 메시지 답장은 조금 늦게 보내도 괜찮다. 사소한 몇 가지를 자동화하는 것만으로도 하루의 체감 피로는 크게 달라진다. 덜 고민하고 덜 흔들리는 만큼, 중요한 순간에 마음의 힘을 온전히 쓸 수 있다.

선택이 많다고 성취가 커지는 것은 아니다. 오히려 선택의 범위를 줄일 때 비로소 마음은 여유를 되찾고, 집중력은 더 깊어지고, 하루의 흐름은 부드러워진다. 무엇을 선택할지보다 어떤 선택을 '하지 않을지'를 정하는 것, 그 순간부터 하루는 조금씩 가벼워지기 시작한다.

결정 피로 이론(Decision Fatigue Theory, 2011)

로이 바우마이스터(Roy Baumeister)

인간의 뇌는 하루에 할당된 '결정 에너지'를 가지고 있다. 작은 선택이 쌓이면 판단력이 떨어지고 감정이 고갈된다. 중요한 결정을 미루거나 자동화해야 하는 이유다. 단순한 일상이야말로 최고의 효율이다.

프레임이 생각의 방향을 바꾼다

하루 동안 우리는 수없이 많은 말을 듣고, 말한다. 하지만 그 말들이 얼마나 깊숙이 마음을 움직이는지는 잘 모르고 지나간다. 말은 단순한 표현이 아니라, 우리가 세계를 바라보는 각도를 만드는 렌즈 같다. 같은 장면을 바라보더라도 어떤 단어를 쓰는지에 따라 삶의 명암이 달라진다.

언어학자 조지 레이코프(George Lakoff)는 "언어가 사고의 틀을 만든다"라고 말한다. 이 말은 단순한 학술적 문구가 아니라, 일상에 그대로 적용되는 사실이다. 같은 상황도 '기회'라고 부르면 설렘이 생기고, '위기'라고 하면 경계심이 올라온다. 단어 하나가 우리의 감정, 판단, 반응의 방향을 완전히 바꿔놓는 셈이다.

나는 이 원리를 나에게 가장 먼저 적용해보았다. 예전의 나는 상황을 크게 만드는 편이었다. 조금만 버거워도 "너무 힘들어"라고 말했고, 어떤 실수를 해도 "또 실패했네"라는 표현을 무심코 붙였다. 그런데 그 말을 반복할수록 언어가 내 감정을 더 어둡게 칠하고 있다는 사실을 깨달았다. 실제 상황보다 내가 선택한 말이 더 큰 그림자를 만들고 있었던 것이다.

그래서 표현을 조금씩 바꾸기 시작했다. "힘들다." 대신 "지금은 잠시 속도를 줄이는 중이야"라고 하고, "실패했다." 대신 "배우는 과정이야"라고 표현했다. 이 작은 치환이 마음의 찌꺼기를 걷어내는 데 얼마나 큰 힘을 발휘하는지 예상하지 못했다. 단어가 바뀌자 시선이 달라지고, 시선이 달라지자 감정의 결도 부드러워졌다. 내가 세상을 바꾼 것이 아니라, 세상을 보는 나의 프레임이 바뀐 것이다.

말은 생각의 재료다. 날카로운 단어로 마음을 쌓으면 어느 순간 그 말들이 나를 찌르고, 부드러운 단어를 선택하면 그 속에는 숨 쉴 틈이 생긴다. 누군가에게 건네는 말도 마찬가지다. 아무렇지 않게 던진 표현 하나가 하루를 무겁게 만들 수도, 가볍게 만들 수도 있다. 그래서 말의 선택에는 언제나 그 사람의 마음결이 드러난다.

관계를 오래 지켜보면 알게 된다. 누군가는 "괜찮아"라는 문장 하나로 마음을 붙잡아주고, 또 누군가는 "별것 아니잖아"라는 말로 벌어진 마음의 틈을 더 넓힌다. 똑같이 짧은 말인데도 감정의 온도는 완전히 다르다. 결국 우리가 어떤 언어를 쓰느냐는, 어떤 관계를 만들고 싶은가의 문제와 이어져 있다.

그래서 나는 요즘 더 천천히 단어를 고른다. 빠르게 말하는 것보다 정확하게 말하는 것이 중요하고, 정확함보다 따뜻함이 더 오래 남는다는 것을 알게 되었기 때문이다. 언어는 현실을 즉시 바꾸지 않지만, 현실을 해석하는 나의 태도는 분명히 바꾼다.

어떤 단어를 선택하느냐는 결국, 어떤 마음으로 하루를 살아가고 싶은지의 선택이다. 세상은 언제나 복잡하지만, 내가 고른 말의 방향만큼은 스스로 정할 수 있다. 말이 바뀌면 세계의 윤곽이 달라진다.

그래서 오늘도 나는, 조금 더 따뜻한 단어를 삶의 중심에 들여놓으려 한다.

프레임 이론(Framing Theory, 2004)

조지 레이코프(George Lakoff)

같은 사실도 표현 방식에 따라 전혀 다르게 인식된다. '세금 감면'과 '공공서비스 축소'는 같은 현상이지만, 전혀 다른 감정을 불러일으킨다. 언어는 사고를 조형한다. 어떤 단어를 선택하느냐가 결국 세상을 해석하는 방식이 된다.

어설프게 알 때 오히려 능력을 과대평가하는 이유

살아갈수록 한 가지 사실이 분명해진다. 세상은 내가 이해한 만큼 좁아지고, 모른다는 사실을 깨달을수록 더 넓어진다. 지식이 쌓이면 당연히 자신감도 함께 자라야 할 것 같은데, 이상하게도 현실은 그 반대다. 알아갈수록 단정하던 목소리는 조용해지고, 확신의 자리엔 질문이 들어선다.

심리학자 데이비드 더닝(David Dunning)과 저스틴 크루거(Justin Kruger)가 발견한 '던닝-크루거 효과'는 바로 이 역설을 설명한다. 그들은 1999년 일련의 실험을 통해 흥미로운 패턴을 밝혀냈다. 문제를 푼 뒤 자신의 성적을 예측하게 하면 실제 성과가 낮은 사람은 과도한 자신감을 보이고, 높은 성과를 낸 사람은 스스로를 과소평가한다는 것이다. 스스로 가진 능력을 정확히 평가하지 못하는 이유, 그것은 결국 모르는 것을 모르는 상태 - 메타인지의 부재에서 비롯된다.

한때 나도 그런 경험이 있었다. 처음 어떤 분야에 발을 들였을 때는 의외로 모든 게 단순해 보였다. "이건 이렇게 하면 되잖아." 하지만 조금만 더 깊이 들어가면 금세 벽을 느꼈다. 단순해 보였던 문제의 뒤에는 이해해야 할 층위가 끝없이 이어져 있었고, 이전엔 보이지 않던 맥락들이 비로소 드러났다. 그때부터 확신은 조심스러움으로 바뀌었고, 질문의 수는 오히려 늘어났다.

전문가일수록 말수가 적어지는 이유도 비슷하다. 알면 알수록 섣부른 단정이 얼마나 위험한지, 진실이 얼마나 복잡한 결을 갖고 있는지 알기 때문이다. 그들은 모른다는 사실을 부끄러워하지 않는다. 오히려 그 인정이 새로운 배움의 문이 된다는 것을 경험으로 알고 있다.

더닝과 크루거의 연구는 이렇게 말한다. 능력이 부족한 사람은 자기 한계를 인식하지 못해 과잉 확신을 갖고, 능력이 뛰어난 사람은 한계를 명확히 보기에 오히려 신중해진다고. 결국 차이를 만드는 것은 지식의 양이 아니라 스스로를 바라보는 깊이다.

"내가 무엇을 모를까?"

이 질문 하나는 사람을 다른 차원으로 이끈다. 진짜 배움은 정답에서 나오지 않는다. 확실함에 머무르지 않고, 불확실함을 인정할 때 비로소 시작된다. 모르는 것을 모른다고 말할 용기. 그 겸손이야말로 지식의 토대이고, 성찰의 출발점이다. 세상에는 '맞다'와 '틀리다' 사이에 수많은 회색 지대가 있다. 그 공간을 볼 수 있는 사람, 바로 그가 깊이 아는 사람이다. 가장 멀리 가는 사람은 자신이 얼마나 모르는지를 정확히 아는 사람이다.

더닝 크루거 효과(Dunning-Kruger Effect, 1999)

데이비드 더닝(David Dunning), 저스틴 크루거(Justin Kruger)

더닝과 크루거는 인지심리학 실험을 통해 능력이 부족한 사람은 자신의 한계를 인식하지 못하는 현상을 발견했다. 지식이 적은 사람일수록 자신을 과대평가하고, 지식이 쌓인 사람일수록 오히려 조심스러워지는 이유는 '메타인지(metacognition: 스스로의 무지를 자각하는 능력)'가 다르기 때문이다. 진짜 지성은 '모른다'고 말할 용기에서 시작된다.

고정된 사고틀에서 벗어나는 기술

살다 보면 우리는 어느새 익숙한 방식에 의지하며 살아간다. 한 번 효과가 있었던 해결책을 반복하고, 익숙한 결론을 다시 꺼내 들며, 이미 만들어둔 틀 안에서만 세상을 바라본다. 이런 마음의 경직을 심리학에서는 '고착(fixation)'이라 부른다. 사고가 굳어버릴 때 문제는 더 이상 문제로 보이지 않고, 가능성은 가능성으로 보이지 않는다.

독일의 심리학자 칼 던커(Karl Duncker)가 1945년 밝힌 '기능적 고착(Functional Fixedness)'을 통해 인간이 문제를 해결하지 못하는 이유가 지식의 부족이 아니라 지식이 만든 틀에 스스로 갇히는 것 때문임을 알게 되었다. 그의 유명한 '촛불 문제 실험'은 이를 가장 잘 보여준다. 사람들은 양초, 성냥, 압정 한 상자를 주고, 양초를 벽에 고정하되 촛농이 바닥에 떨어지지 않게 하라는 과제를 준다. 사람들은 압정 상자를 '물건을 담는 상자'라는 기존 용도에서 벗어나지 못해 문제를 풀지 못한다. 정답이 눈앞에 놓여 있어도 다른 기능을 떠올리지 못한 순간 해결의 가능성은 사라진다.

흥미로운 점은 아이일수록 이 틀에서 훨씬 자유롭다는 사실이다. 그들은 상자를 보면 의자보다 배를 먼저 떠올리기도 하고, 종이를 보면 그림보다 날개를 만들기도 한다. 어른이 되면서 잃어버린 것은 능력이 아니라, 사물을 다르게 바라보는 시선인지도 모른다.

창의성은 천재적 영감에서 비롯되는 것이 아니라 '당연한 것'을 의심하는 능력에서 시작된다. "왜 꼭 이렇게 해야 하지?", "다른 방식은 없을까?"라는 짧은 질문 하나가 사고의 흐름을 바꾼다. 생각의 틀이 조금만 흔들려도 그

틈새로 전에 보지 못했던 기회들이 스며든다.

가만히 떠올려보면, 우리가 앞서 나아가지 못한 순간은 대개 능력이 부족해서가 아니라 익숙한 해법만 붙잡아 놓지 않았기 때문이었다. 빠르게 성장하는 사람들은 반드시 지식이 많은 사람이 아니다. 오히려 알고 있는 것을 의심할 줄 알고, 한 번 익힌 방식에 안주하지 않는 사람들이다.

생각의 틀을 벗어난다는 것은 거창한 도약이 아니다. 창문을 살짝 열어 환기하듯, 마음속 오래된 방에 바람을 들이는 일에 가깝다. 그 바람 속에서 수년 묵은 먼지가 드러나고, 새로운 가능성이 천천히 윤곽을 드러낸다. 그리고 그때 비로소 우리는 깨닫는다. 세상이 변한 것이 아니라 내가 보는 방식이 달라진 것이라고.

삶을 바꾸는 힘은 지식의 양이 아니라, 질문을 던질 수 있는 유연함이다. 닫힌 생각을 한 번이라도 흔드는 순간, 오래 묵은 세계는 다시 새롭게 열린다.

기능적 고착 이론(Fixation Theory, 1945)

칼 던커(Karl Duncker)

독일의 심리학자 칼 던커는 인간이 문제 해결 과정에서 기존의 사용 방식이나 사고 틀에 갇히는 현상을 '기능적 고착(Functional Fixedness)'이라 불렀다. 그는 창의성은 새로운 지식을 쌓는 데서 오는 것이 아니라, 이미 알고 있는 것을 다르게 보는 데서 비롯된다고 말했다. 즉, 사고의 전환은 지식보다 '유연한 시선'에서 시작된다.

사소하지만 나를 기다리게 하는 것

커피의 향과 맛에 매료되어 『커피의 즐거움』과 『카페, 처음부터 제대로』라는 책을 썼지만, 정작 나는 카페인에 대해 자유롭지 못한 사람이다. 식사 후에도, 미팅할 때도, 이동 중에도, 글을 쓰거나 무언가에 몰두할 때도 온종일 커피를 마시고 싶지만, 현실은 하루 한 잔, 많아야 두 잔이다. 그 이상은 어쩔 수 없이 디카페인을 선택한다. 좋아하는 커피를 '잠'과 연결된 카페인이라는 이유로 마음껏 즐기지 못한다는 건 여전히 아쉬운 일이다. 커피를 좋아하는 사람에게 이건 꽤 불공평한 조건처럼 느껴진다. 그런데 문득 생각해보면, 이 제한 덕분에 내 하루에는 하나의 감정이 남는다. 내일 아침에 커피를 마실 수 있다는 기대다.

아침에 눈을 뜨는 순간 사람은 저마다 다른 감정으로 하루를 시작한다. 한때는 하루하루가 너무 즐거워 눈을 뜨자마자 미소가 먼저 나왔고, 차를 몰고 지하 주차장을 빠져나오며 '아, 내가 참 멋지게 살고 있구나!' 하는 이유 없는 희열에 휩싸이던 시절도 있었다. 반대로 하루가 버거울 때는 자면서도 얼굴을 찌푸리고 있는 건 아닐까 싶어, 잠자리에서 괜히 얼굴 근육을 움직여보기도 했다. 내일이 전혀 기대되지 않을 때, 생각은 생각을 부르고 마음은 쉽게 가라앉는다.

내일은 아무도 모른다. 기대가 있는 날도 있고, 아무 기대 없이 하루를 버텨야 하는 날도 있다. 좋은 생각만 하려고 애쓰는 것도 나를 지키는 방법의 하나일 것이다. 하지만 그런 노력조차 버거운 날도 있다. 그럴 때 나는 생각을 고치려 들지 않는다. 대신 커피를 떠올린다. 아침에 일어나 향긋한 커피

한 잔을 마실 수 있다는 사실 하나만으로 내일이 조금 기다려진다. 오늘은 여전히 모르겠지만, 내일 아침의 그 한 잔은 분명히 나를 반겨줄 것이다. 그래서 나는 커피를 마음껏 마시지 못하는 대신, 커피를 기다릴 수 있게 되었다. 그 기다림 하나로 나는 오늘을 넘기고, 다시 내일을 맞이한다.

기대 이론(Anticipation & Reward Expectation, 1925)

볼프강 쾰러(Wolfgang Köhler)

인간은 실제 보상 그 자체보다, 보상을 '기다리는 상태'에서 이미 정서적 영향을 받는다. 기대는 아직 오지 않은 미래의 경험을 현재로 끌어와, 불안과 공허를 완화하고 하루를 버티게 하는 심리적 힘이 된다.

7장

스트레스와 회복력

(Resilience and Rest)

스트레스가 무조건 나쁜 것이 아니다

스트레스는 늘 피해야 할 대상으로 배워왔다. 긴장과 두근거림은 언제나 '내가 부족해서' 생긴 문제로 여겨졌다. 그래서 우리는 마음을 진정시키려 애쓰고, 애써 아무렇지 않은 척한다. 그러나 자세히 보면 그때 가장 바쁘게 움직이는 건 마음이 아니라 몸이다. 심장은 빨리 뛰고, 손바닥은 차갑게 젖고, 숨은 짧게 끊어진다. 불편하지만 이 반응은 나를 망치려는 공격이 아니라 '지금 중요한 순간이야'라고 알려주는 알람에 가깝다.

건강심리학 연구들은 스트레스를 어떻게 해석하느냐에 따라 몸의 반응이 달라진다고 말한다. 같은 심장 박동이라도 '망하면 어쩌지?'라고 생각하면 공포가 되고, '지금 집중하고 있구나!'라고 받아들이면 준비 태세가 된다. 즉, 스트레스는 사건이 아니라 해석의 결과다. 긴장을 완전히 없애려 할수록 '나는 지금 잘못되고 있다'라는 메시지만 강화되고, 결국 더 불안해진다.

오히려 도움이 되는 질문은 이것이다. '지금 이 불편함이 나에게 어떤 힘을 주고 있을까?' 심장이 빨리 뛰니 내 말 한마디에 더 신중해지고, 손에 땀이 나니 사소한 실수를 줄이기 위해 다시 점검하게 된다. 몸은 이미 이 상황을 중요하게 여기고 있고, 그만큼 에너지를 끌어모으고 있다. 그렇다면 할 일은 반응을 없애는 것이 아니라 그 에너지가 흩어지지 않도록 방향을 잡아주는 일이다.

완전히 편안한 상태에서 이루어진 성취는 많지 않다. 새로운 일, 낯선 도전, 중요한 선택 앞에서는 어느 정도의 긴장이 자연스럽다. 문제는 스트레스의 존재가 아니라, 그것을 '나를 망가뜨리는 적'으로 볼지 '나를 깨우는 신호'로

볼지의 차이다. 이 관점 전환이 모든 고통을 지워주지는 못하지만, 피하고 싶었던 감정과 조금은 협상할 여지를 만든다.

그래서 나는 요즘 중요한 순간마다 마음속에서 한 문장을 꺼낸다. '지금 불안한 건, 이 일을 소중하게 여기고 있다는 증거야.' 그렇게 생각하면 완벽하게 안심되지는 않지만, 최소한 도망치고 싶던 마음은 잦아든다. 스트레스가 사라지는 대신 '그래도 한번 해보자'라는 기운이 생긴다. 어쩌면 잘 산다는 건 스트레스 없는 삶을 만드는 것이 아니라, 긴장과 함께 걸어가도 괜찮다는 확신을 조금씩 키워가는 일일지 모른다.

스트레스 재해석 이론(Stress Reappraisal Theory, 2015)

켈리 맥고니걸(Kelly McGonigal)

스트레스를 부정적으로 인식할수록 신체적 반응도 해로워진다. 그러나 이를 '몸이 도와주는 신호'로 해석하면 생리적 반응이 완화되고 회복력이 높아진다. 스트레스는 피해야 할 적이 아니라, 성장의 전조다.

흔들릴 수 있는 유연함이 곧 회복력이다

한동안 나는 '단단해야 한다'라는 말을 철석같이 믿었다. 흔들리면 약한 사람, 눈물을 보이면 진 사람이라 여겼다. 그래서 어떤 상황에서도 울컥하는 마음을 누르고 버티는 법만 배웠다. 겉으로는 멀쩡해 보였지만, 안쪽에서는 머리카락 한 올만 잡아당겨도 부러질 듯한 긴장이 조용히 쌓이고 있었다. 그러다 마음에 한 번 크게 금이 가고서야 알았다. 진짜 강함은 금이 가지 않는 상태가 아니라, 금이 가기 전에 조금씩 휘어지는 능력이라는 것을.

심리학자 조지 보나노(George Bonanno)는 회복력을 '감정의 유연성'이라 부른다. 스트레스가 밀려올 때 오직 버티는 힘만 있는 사람보다, 상황에 따라 울기도 하고 멈추기도 하고 속도를 조절하는 사람이 더 오래 선다고 말한다. 바람에 맞서 버티는 나무보다, 바람을 따라 잠시 몸을 기울였다가 다시 세우는 갈대가 끝내 꺾이지 않는 것처럼.

삶은 생각보다 자주 계획을 비튼다. 준비한 말을 빼먹고 내려오는 날, 가까운 관계가 예고 없이 끝나는 날, 이유 없이 눈물이 고이는 밤. 예전의 나는 그런 순간마다 '왜 이 정도도 못 버티지?'라며 나를 몰아붙였다. 하지만 지금은 안다. 여기서 잠시 주저앉는 선택, 마음껏 울어버리는 선택, 일을 미뤄두고 숨을 고르는 선택이야말로 다시 일어서기 위한 과정이라는 것을. 무너지지 않기 위해 필요한 것은 더 센 다짐이 아니라, 내 상태를 솔직하게 인정하는 용기다.

문제는 우리 사회가 오랫동안 '흔들리지 말라'는 말만 가르쳐 왔다는 데 있다. 힘들어도 티 내지 말 것, 묵묵히 버텨낼 것. 그 말을 곧이곧대로 믿은 사람일수록 한계에 다다랐음을 알아차리는 시점이 늦다. 이미 마음은 오래 전에 부서졌는데, 겉모습만 간신히 서 있는 상태가 된다.

이제는 다른 방식을 배우고 싶다. 더 단단해지는 대신 더 유연해지는 것. 계획이 어긋나면 다시 그려 보면 되고, 감정이 요동치면 잠시 흔들린 채로 있어도 된다. 중요한 건 끝내 자기 자리로 돌아오는 힘이다. 휘어지는 사이에 우리는 나에게 맞는 속도를 찾고, 어디까지가 한계인지 몸으로 배운다. 유연함은 도망이 아니라 회복의 기술이다. 조금 흔들려도, 조금 늦어져도 괜찮다고 스스로에게 말할 수 있을 때, 우리는 비로소 부서지지 않는 법을 배워 가는지도 모른다.

심리적 탄력성 이론(Psychological Resilience Theory, 2004)

조지 보나노(George Bonanno)

회복력은 고통을 무시하는 힘이 아니라, 상황에 따라 감정을 조절할 줄 아는 유연함이다. 스트레스에 잘 적응하는 사람은 감정의 폭이 넓다. 부러지지 않는 나무는 단단함이 아니라 '휘어짐' 덕분이다.

번아웃을 벗어나는 길

몸보다 마음이 먼저 내려앉는 순간이 있다. 할 일을 해냈는지보다 왜 이렇게 지쳤을까가 먼저 떠오르는 저녁. 그때 문득 스치는 질문이 있다.

"이 모든 일이, 정말 내 삶을 움직이는 의미였을까?"

심리학자 크리스티나 매슬랙(Christina Maslach)은 1981년 발표한 연구에서 번아웃(burnout)을 단순한 피로가 아니라 '의미 상실의 병'이라 정의했다. 일이 많아서 무너지는 것이 아니라, '왜 이 일을 하는가'라는 내적 이유가 흐려질 때 정서적 에너지가 가장 먼저 고갈된다는 것이다. 번아웃은 일정의 문제가 아니라 방향의 문제에 가깝다.

나도 그런 시기가 있었다. 하루의 체크리스트를 모두 지워야만 마음이 가라앉았고, 그 표가 하나라도 남으면 스스로를 부족한 사람으로 단정했다. 하지만 이상하게도, 아무리 부지런히 움직여도 마음은 가벼워지지 않았다. '열심히'라는 단어가 점점 무게를 갖기 시작했고, 결국 그 무게가 나를 짓눌렀다.

그때 깨달았다. 내가 지친 건 일이 많아서가 아니라 일의 중심이 비어 있었기 때문이라는 것을. 목적을 잃어버린 노력은 아무리 쌓아도 공허함만 남는다. 방향 없이 달리는 사람에게 속도는 위로가 되지 않는다.

그래서 요즘은 할 일을 줄이기보다 이 일이 정말 내 삶을 빚어내는 일인지 먼저 묻는다. 어떤 날은 과감히 내려놓고, 어떤 날은 두 배로 몰입한다. 기준은 분명하다. '해야 하니까'가 아니라, '이 일을 통해 나는 어떤 사람이 되어가고 있는가?'라는 질문이다.

매슬랙은 말한다. 번아웃에서 벗어나는 길은 휴식이 아니라 정체성의 회복이라고. 내가 어떤 마음으로 시작했는지, 무엇을 믿고 이 길을 택했는지 돌아보는 시간이 필요하다. 그래서 나는 이 질문을 다시 꺼내 든다.

"처음 이 일을 시작한 이유, 그건 아직 내 안에서 살아 움직이고 있을까?"

그 대답에 닿는 순간 일은 다시 방향을 갖고, 방향은 다시 나를 움직이기 시작한다. 번아웃은 그렇게 조금씩 희미해진다. 사라진 의미를 되찾는 일, 결국 그것이 다시 살아가는 일이다.

번아웃 이론(Burnout Theory, 1981)

크리스티나 매슬랙(Christina Maslach)

번아웃은 일의 양이 아니라 '의미의 결핍'에서 시작된다. 정서적 소진, 냉소, 효능감 저하는 그 신호다. 중요한 건 '더 열심히'가 아니라 다시 '왜 시작했는가'를 묻는 일이다.

나를 방치하지 않는 방법

내게는 오래된 루틴 하나가 있다. 웃기게 들릴 수도 있지만, 몸무게를 지키는 방법이다. 아주 단순하다. 저울에 올라서는 일이다. 아침과 저녁, 하루에 두 번. 이 습관은 강사 생활을 처음 시작하던 스물여섯 살 무렵부터 지금까지 이어져 왔다.

몸은 정직하다. 저녁에는 하루 동안의 음식과 수분 때문에 1kg 정도 늘고, 아침이 되면 다시 빠진다. 예를 들어 저녁에 53kg이라면, 아침에는 52kg도 된다. 저녁에 쟀을 때 기준보다 조금이라도 올라가 있으면 그 시간 이후에는 물 외에는 아무것도 먹지 않는다. 반대로 51.5kg 정도로 내려가 있으면, 살이 빠질까 봐 뭐라도 챙겨 먹는다.

나에게는 참 쉬운 방식인데, 이 이야기를 하면 사람들은 대개 웃는다. 너무 단순하다고, 너무 집요하다고 말한다. 하지만 이건 다이어트 비법이라기보다, 내가 나를 관리하는 방식에 가깝다. 죽을 때까지 놓치고 싶지 않은 나만의 기준이다. 그래서 해외여행을 가서 이틀, 사흘 저울이 없으면 이상하게 마음이 허전해지고, 괜히 불안해지기까지 했다. 지금은 나이가 들어 그 정도는 아니지만, 그만큼 이 작은 도구가 나를 붙잡아 주고 있었다는 사실은 분명하다.

생각해 보면 나는 '저울'을 선택했을 뿐이다. 누군가는 운동 기록일 수도 있고, 누군가는 자신에게 맞는 영양제일 수도 있다. 또 다른 누군가는 아침 산책일지도 모른다. 중요한 건 무엇을 하느냐가 아니라, 그 반복되는 확인 행위가 나에게 보내는 메시지다.

"나는 나를 보고 있다."

"나는 나를 방치하지 않는다."

거창한 목표는 버티기 어렵지만, 매일 확인할 수 있는 숫자 하나, 습관 하나는 생각보다 오래 남는다. 그것은 통제라기보다, 삶이 흐트러지지 않도록 나를 붙잡아 두는 최소한의 장치에 가깝다.

그래서 나는 지금도 변함없이 저울에 오른다. 나를 방치하지 않기 위해서.

사회적 비교 이론(Social Comparison Theory, 1954)

레온 페스팅거(Leon Festinger)

욕심은 인간의 본성이며, 완전히 제거할 대상이 아니라 조절하며 살아가야 할 감정이다.

숙면, 잘 자면 감정마저 회복되는 이유

이유 없이 예민해지는 순간이 있다. 평소 같으면 무심히 넘길 말이 마음을 깊게 찌르고, 작은 실수에도 감정이 크게 흔들린다. 그럴 때마다 나는 먼저 되묻는다. '어제 잠은 잘 잤나?' 마음의 문제처럼 느껴지던 순간들이 알고 보면 대부분 수면이 부족한 날이었다.

수면 연구자 매슈 워커(Matthew Walker)는 잠을 '감정의 세탁기'라고 표현한다. 특히 REM 수면 단계에서 뇌는 하루 동안 쌓인 감정의 찌꺼기를 분류하고, 긴장을 완충하고, 불필요한 감정 신호를 지워낸다. 그래서 충분히 잠을 자면 같은 문제도 덜 예민하게 받아들이고, 작은 스트레스가 마음을 뒤흔들지 않는다.

반대로 잠이 부족하면 정서 반응을 조절하는 편도체가 과활성화된다. 그 결과, 평소에는 아무렇지 않을 자극에도 과하게 반응한다. 예민함은 성격의 문제가 아니라, 회복하지 못한 뇌가 보내는 생물학적 경고다. 감정을 잘 다루지 못해서가 아니라, 아직 충분히 '세탁'되지 않은 마음을 그대로 하루에 끌고 들어온 셈이다.

생각해보면 어른들이 늘 하던 말이 있다.

"잘 먹고 잘 자면 건강해진다."

그건 단순한 잔소리가 아니라 오랜 경험의 요약이었다. 수면은 신체 회복뿐 아니라 감정의 안정, 사고의 정리, 관계의 여유까지 만들어낸다. 아이들도 마찬가지다. 잘 자는 아이는 감정 폭발이 적고, 작은 자극에도 덜 흔들리며, 하루를 훨씬 안정적으로 보낸다. 잠은 나이에 상관없이 모든 인간의 '기본기'다.

그래서 요즘 나는 잠을 가장 중요한 일정으로 취급한다. 수면 시간을 지키고, 밤늦게 스스로를 자극하는 일을 피하고, 일정한 리듬으로 하루를 마무리한다. 이것이 게으름이 아니라 다음 날의 마음을 위한 준비라는 걸 이제는 안다. 잠을 잘 잤다는 사실만으로도 이미 하루의 절반은 성공한 것이다. 감정이 흔들리지 않고, 사고가 맑아지고, 관계가 부드러워지는 기초 체력이 그 한밤의 휴식에서 만들어지기 때문이다.

우리는 종종 목표, 성과, 해야 할 일을 먼저 떠올리지만, 사실 하루의 질을 결정하는 건 의지가 아니라 수면이라는 생물학적 안정이다. 잠은 도피가 아니며, 멈춤도 아니다. 마음과 뇌가 제자리를 되찾는 가장 오래된 회복의 방식이다.

그래서 나는 이렇게 생각한다.

잘 자는 것, 그것만으로도 이미 하루를 잘 살아낸 것이다.

오늘 밤의 잠이 내일의 삶을 만든다. 깊게 자는 일이야말로 우리가 스스로에게 줄 수 있는 가장 확실한 선물이다.

수면-감정 조절 이론(Sleep and Emotion Regulation Theory, 2017)

매슈 워커(Matthew Walker)

수면은 뇌의 '감정 청소 시간'이다. 충분한 수면은 편도체의 과도한 반응을 줄이고, 감정 조절 능력을 회복시킨다. 피로한 감정은 단순히 피로한 뇌의 반영이다. 회복은 잠에서 시작된다.

짧은 휴식이 오히려 큰 회복을 만든다

해야 할 일은 모두 끝냈는데 마음은 이상하게 비어 있을 때가 있다. 성과표에는 체크 표시가 가득한데, 정작 나 자신에게는 아무것도 남지 않은 느낌. 그럴 때 스치는 생각은 늘 비슷하다. '이걸 왜 이렇게까지 하고 있지?' 어쩌면 그 질문이 번아웃의 시작인지도 모른다.

허버트 프로이덴버거(Herbert Freudenberger)는 번아웃을 단순한 피로가 아니라, 지속되는 스트레스 속에서 회복할 틈을 잃어버린 상태라고 설명한다. 겉으로는 예전처럼 움직이지만 마음의 에너지는 서서히 고갈되고, 삶의 의미는 점점 흐릿해진다. 결국 사람을 지치게 하는 건 바쁨 그 자체가 아니라 숨을 고를 리듬이 사라진 삶의 방식이다.

나 역시 한동안은 일의 양을 줄이는 대신 속도를 높였다. 해야 할 일을 다 끝내야 쉴 수 있다고 믿었지만, 이상하게도 아무리 해도 속이 시원하지 않았다. '열심히'라는 단어가 어느 순간부터 나를 응원하는 말이 아니라, 몰아붙이는 신호처럼 들렸다. 그제야 알았다. 문제는 양이 아니라 방향이었다. 그리고 방향을 되돌리는 데 필요한 것은 큰 휴가가 아니라 작은 회복의 틈이었다.

프로이덴버거가 말한 '마이크로 리커버리(Micro-Recovery)'는 거창하지 않다. 잠깐의 산책, 깊은 호흡, 5분의 멈춤처럼 작은 행동이 스트레스 호르몬을 낮추고 마음의 여유를 되돌린다. 그는 회복의 핵심은 크기가 아니라 빈도, 즉 자주 쉬는 사람이 오래 버틴다고 설명한다.

그래서 요즘 나는 '오늘 무엇을 했나?'보다 '오늘 한 일 중에 나에게 의미 있었던 순간은 무엇이었나?'를 먼저 떠올린다. 업무가 줄지 않아도 마음이 닿는 장면이 하나라도 있다면 하루가 덜 허무하다.

번아웃의 해답은 모든 일을 내려놓는 극단적인 선택이 아니다. 진짜 회복은 '나는 왜 이 길을 걷기 시작했는가?'를 다시 묻는 데서 시작된다. 예전의 이유가 낡아졌다면, 지금의 나에게 맞는 새로운 이유를 찾으면 된다.

하루 끝에 한숨이 나온다면 이렇게 물어볼 수 있다.

"오늘 나를 조금이라도 살아 있게 만든 순간이 있었을까?"

그 순간이 떠오른다면 아직 방향을 잃은 것이 아니다. 결국 우리를 지탱하는 힘은 화려한 성취가 아니라, 작게 쉬고 다시 나로 돌아오는 리듬, 프로이덴버거가 말한 그 작은 회복의 습관에서 온다.

마이크로 리커버리 이론(Micro-Recovery Theory, 2017)

허버트 프로이덴버거(Herbert Freudenberger)

휴식보다 중요한 건 '짧은 회복의 리듬'이다. 잠깐의 산책, 깊은 호흡, 5분간의 멈춤이 스트레스 호르몬을 낮춘다. 회복은 크기가 아니라 빈도다. 작게 쉬는 습관이 오래 일하는 힘이 된다.

걷기는 마음을 비우는 명상이다

하루가 복잡하게 엉킨 날에는 책상 앞에 더 오래 앉아 있는다고 답이 나오지 않는다. 오히려 머릿속은 점점 더 산만해지고 같은 생각만 맴돈다. 그럴 때 문을 나서 몇 걸음 걷기 시작하면, 기분이 아주 조금씩 방향을 바꾼다. 발바닥이 바닥을 누르는 감각, 숨이 들고 나는 리듬, 신호등 앞에서 잠시 멈추는 호흡까지 몸의 움직임에 시선을 돌리면, 아까까지 마음을 가득 채우던 고민은 조금 뒤로 물러난다.

수전 폴락(Susan Pollak)이 걷기를 '움직이는 명상'이라 부른 이유가 여기에 있다. 규칙적인 걸음은 복잡한 감정을 없애주지는 않지만, 생각의 속도를 조절하게 돕는다. 발이 일정한 속도로 앞으로 나아갈 때, 뇌는 산만한 자극 대신 단순한 리듬을 따라간다. 그러면 정리가 안 되던 문장들이 줄을 서고, 감정과 생각이 서로 뒤엉켜 있던 매듭도 천천히 풀리기 시작한다. 전전두엽이 다시 정리를 시작하면, 같은 고민도 다른 각도로 보인다. '왜 이렇게 힘들지?'에서 '지금 내가 할 수 있는 건 뭘까?'로 질문이 달라진다. 문제는 그대로인데, 바라보는 자리가 살짝 옮겨지는 것이다.

나에게 걷기는 거창한 운동이 아니라, 마음이 버거울 때 꺼내 쓰는 가장 단순한 도구다. 집 근처를 한 바퀴 돌며 발끝이 닿는 느낌만 따라가다 보면, 해야 할 일 목록은 잠시 흐릿해지고, '지금 여기'의 감각이 또렷해진다. 목적지를 향해 빨리 가는 것이 아니라 흩어진 나를 다시 한 자리에 모으는 과정에 가깝다. 그래서 걷는다는 건 앞으로만 나아가는 행위가 아니라 다른 방식의 멈춤일지 모른다. 몸이 리듬을 찾으면, 마음도 그 리듬에 맞춰 천천히 호흡을 고른다.

산책을 마치고 돌아와 보면 상황은 변하지 않았다. 다만 마음이 한 걸음 뒤에서 나를 바라볼 여유를 얻었을 뿐이다. 그 거리만큼 숨이 트이고, 감정의 결도 조금 부드러워진다. 인생의 큰 해답을 찾지 못하더라도, 오늘을 버티게 해주는 작은 리듬 하나를 찾았다면 그걸로 충분하다. 걷는 동안 우리는 거창한 결심 대신 '그래, 이 정도 속도로 가도 괜찮겠다'는 감각을 얻는다. 내일도 복잡해질 것이다. 그래도 괜찮다. 다시 한 번 신발 끈을 묶고, 천천히 걸어 나가면 되니까.

마음 챙김 기반 스트레스 감소 이론
(Mindfulness Based Stress Reduction, MBSR, 1979)

수전 폴락(Susan Pollak)

걷기는 단순한 신체 활동이 아니라 마음의 리듬을 되찾는 행위다. 규칙적인 움직임은 전전두엽을 자극해 사고를 정돈시키고, 불안을 줄인다. 걷는다는 건 단순히 앞으로 나아가는 것이 아니라, 머릿속의 소음을 줄이는 일이다.

몸은 마음보다 먼저 기억한다

어느 날은 별 이유도 없이 어깨가 묵직하게 내려앉고, 숨이 짧게 끊어진다. 마음은 멀쩡한데 몸이 먼저 지쳐버린 듯한 순간. 생각보다 몸이 더 선명하게 신호를 보내는 때가 있다. 감정을 먼저 알아차리는 것은 늘 몸이다.

트라우마 연구의 선구자인 베셀 반 데어 콜크(Bessel van der Kolk)는 저서 신체기억이론을 통해 이렇게 말한다. "몸은 기억한다."

감정은 뇌에서만 머무르지 않는다. 해결되지 않은 두려움, 오래된 긴장, 억눌린 분노는 근육의 뭉침, 갑작스러운 움찔거림, 얕은 호흡 같은 방식으로 몸에 각인된다. 과거의 상처가 완전히 사라진 듯 보여도 특정 말투나 표정 하나에 몸이 먼저 수축하는 이유는 바로 그 '기억된 감정'이 아직 몸속에 남아 있기 때문이다.

어릴 적 혼났던 순간을 떠올리면 알 수 있다. 누군가 목소리를 높이면 곧바로 어깨가 움츠러지고, 사소한 말에도 심장이 빨리 뛰는 이유는 현재 상황이 아니라 과거 경험의 잔상 때문이다. 이성으로 '괜찮아, 별일 아니야'라고 말해도 몸은 그 말을 믿지 못한다. 몸은 언제나 생각보다 빠르게 위험을 감지하려 한다. 그것이 몸이 만든 오래된 생존의 규칙이다.

그래서 회복은 머리로 설득하는 데서 시작되지 않는다. 몸을 먼저 이완시키는 것, 그것이 마음을 회복시키는 가장 오래된 방식이다. 깊게 숨을 들이마시고 길게 내쉬는 단순한 호흡은 교감신경의 과활성화를 가라앉히고, 감정의 온도를 낮춘다. 몸이 안정되면 마음은 자연스럽게 그 뒤를 따른다. 생각보다 마음은 몸의 상태에 크게 의존한다.

요즘 나는 감정이 버거울 때 생각을 바로잡기보다 먼저 몸을 살핀다. 숨이 가쁜지, 어깨가 올라가 있는지, 턱이 굳어 있는지. 그 작은 확인 하나만으로도 마음은 조금 느슨해진다. 결국 회복은 거창한 의지나 완벽한 다짐이 아니라, 몸을 진정시키는 매일의 작고 느린 호흡에서 시작된다. 몸이 기억한 고통이 마음을 지치게 한다면, 몸이 경험한 이완은 마음을 다시 살아나게 한다.

회복의 첫걸음은 언제나 몸이 먼저 내딛는다.

신체기억 이론(The Body Keeps the Score, 2014)

베셀 반 데어 콜크(Bessel van der Kolk)

감정은 뇌에서만 머무르지 않는다. 신체는 트라우마의 흔적을 기억한다. 긴장된 어깨, 막힌 호흡은 억눌린 감정의 기록이다. 감정 회복은 마음의 해석 이전에 몸의 이완에서 시작된다.

상처는 잊는 것보다 성장으로 덮기가 쉽다

어떤 기억은 오래 지나도 몸이 먼저 떠올린다. 같은 길을 걷다 발걸음이 멈추고, 비슷한 말을 들으면 이유 없이 가슴이 철렁 내려앉는다. 사람들은 "시간이 지나면 다 잊혀진다"라고 말하지만, 사실 우리는 안다. 상처는 옅어질 뿐, 완전히 사라지지는 않는다는 걸. 다만 예전처럼 피를 흘리지 않을 뿐, 살짝만 건드리면 여전히 묵직하게 반응하는 자리가 있다.

리처드 테데스키(Richard Tedeschi)와 로렌스 칼훈(Lawrence Calhoun)은 이 자리에서 일어나는 변화를 '외상 후 성장'이라고 말한다. 상처 이전의 나로 돌아가는 것이 아니라, 상처를 통과한 뒤 전과는 조금 다른 사람이 되는 과정. 큰 고통을 겪은 사람들이 오히려 삶에 대해 더 깊이 감사하고, 관계를 더 소중히 여기며, 인생의 불완전함을 받아들이는 힘을 갖게 된다는 연구 결과는 직관과는 다르지만, 어쩌면 우리가 어렴풋이 느껴온 진실이기도 하다. 다 부서진 줄 알았던 마음에서 이상하게도 이전에는 없던 시야와 언어가 생겨나는 경험이다.

돌아보면 우리 각자에게도 그런 시간이 한 번쯤은 있었다. 그때는 정말 끝이라고 생각했던 시기, 다시는 예전처럼 웃지 못할 것 같았던 날들. 하지만 그 시간을 겨우겨우 통과하고 나면, 비슷한 고통을 겪는 사람을 대하는 태도가 달라진다. 예전엔 건네지 못했을 말, '그냥 힘내!' 대신 '그때 진짜 많이 힘들었겠다'라는 문장이 입에서 자연스럽게 나온다. 상처는 나를 조용히 고립시키기도 했지만, 동시에 다른 사람의 상처를 알아보는 감각을 키워주기도 한다.

이것을 상처가 주는 선물이라고 말하고 싶진 않다. 고통은 언제나 고통이고, 차라리 겪지 않았으면 좋았을 일도 분명히 있다. 다만 이미 지나가 버린 일이라면, 그 시간을 통해 무엇이 내 안에서 자라났는지 한 번쯤 바라볼 필요는 있다. 예전 같으면 당연하게 넘어갔을 하루를 감사하게 여기게 된 변화, 떠나버린 사람보다 곁에 남아준 사람에게 더 마음을 쓰게 된 시선, 삶이 뜻대로 되지 않아도 '그래도 여기까지 왔으니'라고 스스로를 다독이게 되는 태도들. 이것이 고통이 남긴 또 다른 얼굴일지 모른다.

상처는 우리를 이전으로 돌려보내지 않는다. 대신 다른 방식으로 서게 만든다. 조금 더 느리게 걷고, 조금 더 조심히 말하고, 조금 더 깊이 바라보게 한다. 그래서 어느 순간 이렇게 인정하게 된다.

"그 시간이 없었다면, 지금의 나도 없었을 것이다."

성장이라는 말이 거창하게 느껴질 때, 이렇게 바꿔 말해볼 수도 있다. 견뎌낸 시간들, 쓰러져도 다시 일어나려고 했던 그 작은 시도들의 총합이 결국 지금의 나를 만들었다고. 상처는 흉터로 남지만, 그 흉터를 읽는 시선이 달라지는 순간, 우리는 이미 예전의 나를 조금은 넘어선 사람이 되어 있는지도 모른다.

외상 후 성장 이론(Post-Traumatic Growth Theory, 1996)

리처드 테데스키(Richard Tedeschi), 로렌스 칼훈(Lawrence Calhoun)

고통은 삶을 부수기도 하지만, 동시에 새로운 의미를 만든다. 시련 이후 사람들은 더 깊은 감사와 인간관계를 경험한다. 상처는 사라지지 않지만, 그 자리를 채우는 통찰이 생긴다.

이별을 통과하는 과정

헤어지고 나면 세상에서 그 사람이 완전히 사라진 것처럼 느껴진다. 번호를 지우고, 사진을 비우고, 물건을 정리하면서 '이젠 끝났다'라고 자신에게 말해보지만, 문득 익숙한 노래 한 줄, 계절이 바뀌는 공기 속에서도 그 사람의 기척이 다시 살아난다. 몸은 멀어졌지만, 마음은 정리하지 못한 채 그 자리를 서성이게 된다. 이별이란 단순한 단절이 아니라, 함께했던 시간이 다른 형태로 남는 과정이라는 말이 그제야 실감 난다.

윌리엄 워든(William Worden)은 애도를 '잊어버리기'가 아니라 관계를 다시 짜는 일이라고 말한다. 더 이상 같은 방식으로 만날 수 없게 되었을 뿐, 전혀 없던 일이 되는 것은 아니라는 뜻이다. 그래서 이별 후의 시간은 남은 사랑을 어디에 둘지, 그 사람을 마음속 어디에 둘지를 천천히 정리하는 시간에 가깝다. 어떤 사람은 그리움을 편지에 남기고, 어떤 사람은 매년 같은 날 조용히 커피 한 잔에 남긴다. 중요한 건 잊느냐, 잊지 못하느냐가 아니라, 떠난 사람을 떠난 사람대로, 남은 나는 나대로 인정하며 관계의 모양을 바꾸어 가는 일이다.

그 과정은 생각보다 단순하지 않다. 처음엔 인정하기 싫어 부정하고, 억울함과 분노가 올라오고, 뒤늦게 밀려드는 슬픔에 휩쓸리기도 한다. 하루는 괜찮은 것 같다가도, 다음 날은 주저앉아 울 수도 있다. 우리는 흔히 '수용'이란 감정이 어느 날 갑자기 도착하는 마지막 단계처럼 상상하지만, 실제로는 여러 감정이 앞뒤로 얽힌 뒤에야 비로소 조금씩 자리를 잡는다. 받아들인다는 건 차갑게 포기하는 일이 아니라, 더는 싸우기만 하던 마음을 잠시 내려놓고 '그래도 나는 살아가야 한다'를 선택하는 일에 가깝다.

나 또한 그런 시간을 지나온 적이 있다. 그때는 정말 삶의 한 장이 통째로 찢겨 나간 줄 알았다. 하지만 시간이 흐르며 마음속 풍경이 조금씩 변해갔다. 처음에는 모든 기억이 통증으로만 다가왔지만, 언제부터는 그 시절의 나까지 함께 떠오르기 시작했다. 아프기만 했던 마음이 점점 그때 웃고 울던 나를 함께 품어주는 쪽으로 옮겨갔다. 상처만 남은 줄 알았던 기억 안에 그때의 따뜻함과 배움도 함께 들어 있었다는 걸 뒤늦게 알아차렸다.

이별을 완전히 극복하는 날이 오지 않을지도 모르지만, 더 이상 나를 무너뜨리는 파도가 아닌 가끔 마음 한편을 조용히 적시는 물결이 된다. 여전히 그 사람이 떠오르지만, 이제는 현재의 나를 부정하지 않는다. 그래서 이별은 끝이라기보다 서로 다른 자리에서 다시 삶을 이어가는 새로운 시작에 가깝다.

한때 같은 선 위에 서 있던 두 사람이 이제는 다른 길을 걷지만, 함께 걸었던 시간은 각자의 안에서 다른 방식으로 계속 살아 있다. 남겨진 우리는 그 시간을 발목 잡는 그림자로 남길지, 지금의 나를 조금 더 깊게 만드는 결로 받아들일지 선택하며 살아간다. 언젠가 문득 이렇게 말할 수 있다면, 그 이별은 비로소 다른 의미를 얻게 되는지도 모른다.

"그 사람은 떠났지만, 그 시간을 지나온 덕분에 나는 지금의 내가 되었다."

애도 과업 이론(Tasks of Mourning Theory, 1982)

윌리엄 워든(William Worden)

애도는 '잊는 과정'이 아니라 '새로운 관계를 재구성하는 과정'이다. 남은 사랑을 현실 속에 다시 배치할 때 비로소 회복이 시작된다. 이별은 관계의 종료가 아니라, 감정의 재정렬이다.

도움을 구하는 것도 회복의 하나이이다

어릴 때부터 나는 "스스로 해결해야 한다"라는 말을 당연한 진리처럼 받아들였다. 부탁은 폐를 끼치는 일이고, 기대는 곧 의존이며, 의존은 곧 약함이라고 배웠다. 그래서 힘들어도 "괜찮아"라는 말만 반복했고, 마음이 무너지는 순간에도 이를 악물고 버티는 법부터 익혔다. 겉으로는 성실하고 단단해 보였지만, 안쪽에서는 점점 숨이 막혀 갔다.

심리학자 셸리 테일러(Shelley E. Taylor)는 위기 상황에서 인간이 보이는 반응을 다르게 설명한다. 흔히 알려진 '싸우거나, 도망가거나'가 아니라 돌보고, 다가가고, 관계를 맺으려는 방향으로 움직인다는 것이다. 즉, 누군가를 찾고, 기대고, 손을 내미는 행동은 약해서 하는 예외적인 선택이 아니라 우리 몸에 각인된 가장 오래된 생존 전략에 가깝다. 이 관점을 알고 나면, 도움을 청한다는 행위의 의미가 완전히 달라진다.

불면과 불안에 시달리던 친구가 있었다. 모든 일을 혼자 감당하던 그녀는 끝내 이렇게 말했다. "누구에게도 말하고 싶지 않아. 민폐 같으니까." 그 말을 들었을 때, 오히려 그동안 그가 얼마나 외롭게 버텨왔는지 선명하게 보였다. 그래서 조심스럽게 말을 건넸다. "도움은 짐을 떠넘기는 게 아니라, 네가 잠시 숨 쉴 수 있도록 무게를 나누는 일일지도 몰라."

심리학에서 말하는 사회적 지지는 바로 그 '숨 쉴 틈'이다. 따뜻하게 들어주고 공감하는 정서적 지지, 정보를 함께 찾고 방향을 제안하는 정보적 지지, 일을 나눠서 하는 도구적 지지가 겹겹이 더해질 때 사람의 어깨는 아주 조금씩 가벼워진다. 문제 자체가 하루아침에 사라지지는 않지만 '이걸 나 혼자만 들고 있는 건 아니구나'라는 감각이 마음의 균형을 되찾게 한다.

도움을 구한다는 것은 결국 나를 포기하는 행동이 아니라 나를 지키기 위한 선택이다. 내 마음의 무게를 정확히 인정하고, 혼자 감당할 수 있는 선을 스스로 구분해 보겠다는 책임감의 표현이기도 하다. 테일러의 연구처럼 인간은 고립될 때 강해지는 존재가 아니라, 연결될 때 비로소 회복력을 드러내는 존재다. 손을 맞잡는 순간 스트레스 호르몬인 코르티솔이 낮아지고 '나만 이런 게 아니었구나'라는 깨달음이 불안을 조금씩 녹여낸다.

무엇보다 중요한 건, 용기 내어 "나 사실 요즘 괜찮지 않아"라고 말하는 순간 다른 누군가에게 말할 수 있는 허가가 주어진다는 점이다. 우리는 강한 척하는 얼굴들 틈에서 혼자 버티고 있다고 느끼지만, 실제로는 각자의 자리에서 비슷한 말을 삼키고 있을지도 모른다. 누군가의 도움 요청은 약함의 고백이 아니라 "서로 기댈 수 있는 존재가 되자"라는 조용한 제안이다.

용기는 언제나 거창한 선언의 형태로만 나타나지 않는다. 상담 전화를 거는 손가락의 떨림, 친구에게 "잠깐 시간 있어?"라고 묻는 짧은 메시지, 믿을 만한 사람에게 처음으로 힘들다고 털어놓는 그 순간이 이미 회복의 문턱이다.

사회적 지지 이론(Social Support Theory, 2000)

셸리 테일러(Shelley E. Taylor)

테일러는 인간이 스트레스 상황에서 회복하는 힘의 근원이 '혼자가 아니라 함께 있음'에서 비롯된다고 보았다. 사회적 지지는 단순히 누군가의 도움을 받는 것이 아니라, '내가 혼자가 아니다'라는 심리적 확신을 느끼는 과정이다. 정서적 공감, 정보적 조언, 실질적 도움의 형태로 나타나며, 이러한 지지는 스트레스 반응을 완화하고 회복탄력성을 높인다. 결국 도움을 구한다는 것은 약함의 표시가 아니라, 인간 본연의 회복 전략이다.

강한 사람들의 공통점

삶은 누구에게나 크고 작은 시험을 놓는다. 예고 없이 찾아오는 실패, 관계의 실패, 몸과 마음의 소진 등. 어떤 사람은 그 자리에서 무너지고, 또 어떤 사람은 시간을 두고 다시 일어선다. 흔한 뉴스 속에서도 이런 대비는 쉽게 보인다. 같은 충격 앞에서 어떤 이는 희망을 포기하고, 또 다른 이는 기적처럼 다시 걸어간다.

우리는 종종 이것을 '약육강식'의 세계처럼 강한 자만이 살아남는다고 말하지만, 인간에게서의 강함은 근육이나 기질이 아니라 해석의 방식에 가깝다.

심리학자 마틴 셀리그먼(Martin E. P. Seligman)은 회복탄력성이 높은 사람들의 공통점을 이렇게 설명한다. 그들은 실패를 곧장 자기 존재와 연결하지 않는다. "역시 나는 안 돼"가 아니라 "이번 상황이 나와 맞지 않았던 거야"라고 해석한다. 사건과 자신 사이에 적당한 거리를 두는 태도. 같은 일을 겪어도 한 사람은 자존감 전체가 흔들리고, 다른 한 사람은 '아프지만, 이게 내 삶의 전부는 아니지'라고 정리할 수 있는 이유는 이 작은 해석의 차이에 있다.

예전에 한 지인이 대기업 최종 면접에서 떨어졌을 때의 일이 떠오른다. 나는 위로할 말을 찾고 있었지만, 그는 먼저 담담하게 말했다. "그 회사가 원하는 사람이 따로 있었겠지. 나와 결이 다른 사람이었을 거야."

그 말에는 서운함이 섞여 있었지만, 자기 가치를 훼손하는 기색은 없었다. 실패를 '결과'로만 두고, '존재'까지 끌어들이지 않는 태도. 그것은 체념이 아니라 스스로를 지키기 위한 건강한 방어였다.

셀리그먼은 이런 태도를 '학습된 낙관주의'라고 부른다. 낙관은 근거 없는 긍정이 아니라 어려움을 '일시적이고 부분적인 사건'으로 바라보는 습관이다. "모든 게 끝났어"라는 말 대신 "지금은 힘들지만, 이 또한 지나가는 과정이야"라고 정리할 때 마음은 완전히 주저앉는 대신 버틸 자리를 찾는다.
이 지점에서 인간의 '약육강식'은 전혀 다른 의미로 재해석된다. 삶에서의 '강한 자'란 남을 누르는 사람도, 실패를 모르는 사람도 아니다. 넘어졌을 때 자신을 버리지 않는 사람, 아픔을 견디며 다시 자기 편이 되어주는 사람이다. 자신을 갉아먹는 비난 대신, 다음 걸음을 고민하는 사람이 오래 살아남는다.
회복탄력성은 타고난 성격이 아니라, 자신을 대하는 말투에서 조금씩 길러지는 삶의 기술이다. "왜 이것밖에 안 돼?" 대신 "이번엔 여기까지였구나, 그럼 다음엔 어떻게 해볼까?"라고 말을 바꾸는 연습. 그렇게 해석을 바꾸면 바닥에 머무는 시간은 점점 짧아진다.
진짜 강함은 무너지지 않는 데 있는 게 아니라, 무너진 자리에서 자기 자신을 다시 일으킬 수 있는 힘, 그 조용한 복원의 능력에 있다.

회복탄력성 및 학습된 낙관주의(Resilience Learned Optimism, 1990)

마틴 셀리그먼(Martin E. P. Seligman)

셀리그만은 인간이 시련을 해석하는 방식이 회복의 속도를 결정한다고 보았다. 그는 실패나 고통을 '영구적이고 개인적인 결함'으로 보는 대신, '일시적이고 외부적 요인'으로 해석할 때 마음이 무너지지 않는다고 했다. 회복탄력성은 타고난 성격이 아니라, 스스로를 바라보는 습관이다. 즉, 강한 사람은 결코 쓰러지지 않는 사람이 아니라, 쓰러져도 자신을 탓하지 않는 사람이다.

새로운 것을 받아들이는 힘

새로운 일을 앞두고 서면, 마음 한편이 조용히 흔들린다. 익숙한 자리에서 한 걸음만 벗어나도 불안이 기척을 드러내고, 실패하면 어떡하나 하는 걱정, 잘할 수 있을까 하는 의심이 옅은 그림자처럼 따라온다. 그런데 같은 상황에서도 누군가는 과감히 발을 내딛고, 누군가는 발끝에서 오래 머문다.

그 차이는 능력보다 마음을 다루는 습관에서 비롯된다. 새로움에 익숙한 사람들은 두려움이 없어서 뛰어드는 것이 아니다. 그들 역시 두렵다. 다만 그 두려움을 삶에서 없애야 할 장애물이 아니라 함께 데리고 가야 할 감정의 일부로 받아들인다. "지금은 낯설 뿐, 곧 익숙해질 거야." 그들은 이렇게 스스로를 다독인다.

캐럴 드웩(Carol S. Dweck)의 '성장지향 관점(Growth Mindset)'의 말처럼 새로운 상황을 '나를 시험하는 자리'가 아니라 '나를 확장시키는 자리'로 바라보는 이 작은 해석의 전환이 변화를 훨씬 가볍게 만든다. 새로운 것을 받아들이는 사람들의 공통점은 큰 용기보다 작은 태도에 있다.

처음부터 잘하려 하지 않는다. 실패를 부끄러움이 아닌 과정으로 받아들인다. 시행착오를 '흠집'이 아니라 '배움의 기록'으로 본다. 무엇보다 아직 배우지 않은 능력이 내 안에 존재한다고 믿는다. 그래서 새로움은 그들을 겁먹게 하기보다, 오히려 조금 설레게 만든다. 지금의 나는 미완성이고, 앞으로의 나는 얼마든지 달라질 수 있다는 믿음. 그 믿음이 변화를 떠밀지 않고 조용히 밀어주는 힘이 된다.

반대로 새로움이 유난히 두려울 때는 대개 '모르는 것' 자체보다 '틀릴지도 모른다'라는 불안이 문제다. 그럴 때 스스로에게 이렇게 말해볼 수 있다.
"나는 처음이라 어색한 것이다. 어색함을 지나야 비로소 익숙함이 온다."
이런 간단한 문장 하나가 마음을 단단하게 만든다.
우리는 누구나 새로움에 적응하는 능력을 타고났고, 그 능력은 나이가 들수록 사라지는 것이 아니라 오히려 경험을 통해 더 정교해진다. 새로움을 받아들이는 힘은 큰 결심에서 오지 않는다. 조금 떨리더라도 괜찮다고 스스로에게 말해주는 작은 자기 확신에서 온다. 그리고 어느 순간, 처음엔 두려웠던 변화가 나를 더 넓은 자리로 데려다주는 경험을 하게 된다. 그때 우리는 알게 된다.
"새로움은 나를 해치기 위해 오는 것이 아니다. 나를 조금 더 넓히고, 조금 더 깊어지게 만들기 위해 삶이 두드린 문이었다."

성장지향 관점(Growth Mindset, 2006)

캐럴 드웩(Carol S. Dweck)

변화를 받아들이는 힘은 타고나는 성향이 아니라 '배울 수 있다'라는 믿음에서 비롯되는 마음의 습관이라고 설명했다. 새로운 상황 앞에서 '난 못 해'라고 닫히는 대신, '지금은 익숙하지 않지만, 배울 수 있어'라고 생각하는 태도가 변화를 두렵지 않게 만든다. 새로움을 수용하는 능력은 용기의 문제가 아니라 해석의 방식에 가깝다.

8장

일과 의미

(Work, Flow and Purpose)

성장을 돕는 피드백의 힘

피드백은 관계의 민감한 순간이다. 같은 말을 하더라도 어떤 문장은 마음을 편안하게 만들고, 어떤 표현은 예상보다 깊게 상처를 남긴다. 말의 내용보다 말이 닿는 방식에서 관계의 결이 드러난다.

캐럴 드웩(Carol S. Dweck)은 인간의 마음을 두 흐름으로 구분한다. 결과로 자신을 평가하는 '고정 마인드셋'과 과정을 통해 가능성을 넓혀가는 '성장 마인드셋'.

"넌 참 똑똑하네"라는 말은 잠깐의 만족을 주지만, 그 뒤에는 '계속 잘해야 한다'라는 보이지 않는 부담이 따라붙는다. 반면 "그 과정이 좋았어"라는 말은 실수의 흔적까지 배움의 일부로 인정해준다. 그 차이가 사람을 다시 움직이게 한다. 좋은 피드백은 잘못을 지적하기보다 가능한 방향을 보여주는 일에 가깝다. 비판이 아니라 안내이며, 닫힌 마음 대신 다시 나아갈 여지를 남겨주는 제스처다.

나도 한때 후배에게 "조금 더 열심히 했어야지"라고 말했다. 그 말이 얼마나 무겁게 들렸는지, 그는 어떤 표정을 숨기고 있었는지 한참 뒤에야 깨달았다. 이제는 이렇게 말하려 한다.

"여기까지 온 과정이 좋아. 다음에는 이런 방법도 한 번 생각해보자."

사람은 평가로 달라지지 않는다. 하지만 존중이 담긴 말에는 이상할 만큼 쉽게 마음이 풀리고, 다시 시도해볼 용기가 조용히 자란다. 누군가를 성장하게 하는 말은 정답을 알려주는 문장이 아니라, "너는 충분히 할 수 있어"라는 믿음을 건네는 목소리다.

성장 마인드셋 이론(Growth Mindset Theory, 2006)

캐럴 드웩(Carol S. Dweck)

피드백의 목적은 평가가 아니라 성장을 돕는 것이다. "넌 똑똑해"보다 "그 과정이 좋았어"가 학습 동기를 높인다. 결과보다 노력을 강조하는 피드백은 도전을 두려워하지 않는 마음을 만든다.

실패를 의미 있는 데이터로 남기는 법

실패 없는 삶이란 결국 아무 움직임도 없었다는 뜻이다. 누구나 실수를 피하고 싶어 하지만, 사람은 시행착오를 통해 방향을 잡는다. 피터 센게(Peter Senge)는 말한다. “실패를 숨기는 조직은 같은 오류를 되풀이합니다.” 그는 실패를 잘못의 증거가 아니라 다음 선택을 알려주는 ‘신호’라고 보았다.

몇 해 전, 공들였던 프로젝트가 예기치 않게 종료된 적이 있다. 책임을 따질 상황도 아니었지만, 며칠 동안 팀 분위기는 무겁게 가라앉았다. 말수는 줄었고 표정도 조심스러웠다. 그때 깨달았다. 사람을 지치게 하는 건 결과 그 자체가 아니라 실패를 둘러싼 침묵이라는 사실을. 그 뒤로 나는 작은 실수까지 기록해두기 시작했다. 잘된 점보다 놓친 부분을 먼저 적는다. 이유를 따라가다 보면 실패는 단순한 좌절이 아니라 다음 방향을 찾게 해주는 ‘이정표’에 가깝다.

내가 존경하는 한 리더는 회의 때마다 이렇게 말했다. “이건 끝이 아니라 다른 방법을 찾아보라는 신호입니다.” 그 말 한마디에 팀의 긴장이 풀렸다. 누구도 숨기지 않았고, 잘못을 두려워하지 않는 분위기가 생겼다. 실패가 개인의 짐이 아니라 모두가 함께 다뤄야 할 ‘자료’가 되었기 때문이다.

지금도 하루를 마칠 때 ‘실패 노트’를 작성한다. 성과보다 아쉬운 점을 먼저 떠올린다. 다시 읽어보면 자책보다 이해가 남는다. 감정적인 판단 대신 분석의 시선을 가져오면 오류는 겁나는 것이 아니라 개선을 이끄는 참고자료가 된다. 오랫동안 기억되는 건 완벽한 성공이 아니라 잘 정리된 시행착오다. 실패는 멈춤이 아니라 진로를 수정하게 만드는 짧은 신호일 뿐이다.

오늘의 실수가 내일 누군가의 방향을 밝혀줄 수도 있다. 그렇게 생각하면 실패는 덜 날카롭다. 그리고 시간이 지나보면, 한때 마음을 무겁게 했던 기록들이 어느 순간 자연스럽게 다음 선택을 도와주는 근거로 남는다.

학습조직 이론(Learning Organization Theory, 1990)

피터 센게(Peter Senge)

실패는 끝이 아니라 시스템의 피드백이다. 학습조직은 실패를 감추지 않고 '학습의 데이터'로 남긴다. 같은 실수를 반복하지 않는 힘은 비난이 아니라 성찰에서 나온다. 잘 정리된 실패가 결국 조직의 지혜가 된다.

창의성은 한 번에 떠오르는 것이 아니다

강의를 하며 가장 버거웠던 건 학생도, 이동도, 행정 업무도 아니었다. 매번 새로운 자료를 만들어야 한다는 압박감이었다. 머리가 쉴 틈이 없었다. 일을 마쳐도 일은 끝나지 않았다. 다음 주 수업의 첫 문장, 학생들의 반응, 더 나은 예시 하루가 끝나도 생각은 여전히 일의 연장선에 있었다. 그러다 어느 날, 문득 알게 됐다. 쉼이 없다는 건 생각이 숨 쉴 공간이 없다는 뜻이라는 걸.

그레이엄 월러스(Graham Wallas)는 '창의적 사고 4단계 이론(Four Stages of Creativity Theory)'을 통해 창의적 사고는 네 단계를 거친다고 말한다. 준비, 숙성, 통찰, 검증. 즉, '집중하고', '잊고', '떠오르고', '확인하는' 과정이다. 많은 사람이 두 번째 단계인 숙성을 건너뛴다. 멈추는 순간 일을 놓칠까 봐 두려워서다. 하지만 진짜 아이디어는 '집중'이 아니라 '잠시 잊음'에서 시작된다.

나도 그랬다. 하루 종일 강의안을 붙잡고 씨름했지만, 문장은 풀리지 않았다. 결국 포기하고 집 근처 카페에 갔다. 따뜻한 커피 한 모금, 창밖으로 지나가는 사람들. 그 평범한 풍경을 바라보다가 문득 아까 막혀 있던 문장이 아무 일 없다는 듯 떠올랐다. 억지로가 아니라 자연스럽게. 그제야 깨달았다. 생각은 밀어붙일수록 닫히고, 놓아줄수록 열린다는 걸.

창의성은 천재의 번뜩임이 아니다. 그건 리듬이다. 집중과 멈춤, 몰입과 이완의 반복. 머리를 비우는 순간, 무의식이 조용히 연결을 시작한다. 이제는 일부러 멈춘다. 걷고, 바라보고, 숨을 고른다. 그 시간은 낭비가 아니라 생각이 다시 살아나는 시간이다. 창의성의 원천은 노력의 끝이 아니라 멈춤의 시작에 있다. 가끔은 아무것도 하지 않을 때 가장 많은 것이 찾아온다.

창의성은 번뜩이는 '영감'이 아니라 준비-숙성-통찰-검증의 과정을 거친다. 집중과 휴식의 균형 속에서 무의식이 작동할 때 창의적 아이디어가 떠오른다. 쉼은 낭비가 아니라 창의의 한 과정이다. 생각이 아니라, 생각 사이의 고요에서 우리는 비로소 '새로움'을 발견한다.

창의적 사고 4단계 이론(Four Stages of Creativity Theory, 1926)

그레이엄 월러스(Graham Wallas)

창의성은 번뜩이는 '영감'이 아니라, 준비-숙성-통찰-검증의 과정을 거친다. 집중과 휴식의 균형 속에서 무의식이 작동할 때 창의적 아이디어가 떠오른다. 쉼은 낭비가 아니라 창의의 한 과정이다.

함께 일하면서 성과를 내려면

함께 일한다는 건 생각보다 단순하지 않다. 사람마다 바라보는 시선도 다르고, 일의 속도도 다르며, 중요하게 여기는 가치 역시 다르다. 누군가는 효율을 우선하고, 누군가는 따뜻한 온도를 중시한다. 이 차이는 처음엔 낯설고 때로는 불편하지만, 시간이 지나면 이 다름이 모여 팀의 방향을 만든다.

브루스 터크먼(Bruce Tuckman)은 팀의 성장을 네 단계로 설명한다. 형성(Forming), 격돌(Storming), 규범(Norming), 성과(Performing). 만나고, 부딪히고, 기준을 세우고, 함께 나아가는 과정. 갈등은 피해야 할 문제가 아니라 서로를 알아가는 자연스러운 단계다.

좋은 팀은 싸우지 않는 팀이 아니라, 갈등 이후에도 다시 일할 수 있는 팀이다. 의견이 다를 때 사람을 탓하는 대신 문제를 함께 바라보는 태도, 그게 협업의 중심이다. 나도 한때 갈등을 피하는 것이 배려라고 믿었다. 하지만 조용히 넘긴 오해는 결국 더 크게 돌아온다는 사실을 배웠다. 다름을 견디는 힘, 그게 함께의 시작이다.

함께 일한다는 건 불완전한 사람들이 조금씩 모양을 맞춰가는 일이다. 누군가는 기다리고, 누군가는 양보하며, 그 과정 속에서 신뢰가 자란다. 완벽한 개인은 없지만 함께일 때 우리는 더 완성된 모습에 가까워진다.

결국 팀이란 속도를 맞추는 집단이 아니라 서로의 속도를 이해하는 관계다. 그래서 좋은 팀은 결과로만 남지 않고 관계로 기억된다. 함께 일한다는 건 같은 방향으로 걷는 법을 배우는 일이며, 그 길 위에서 우리는 조금씩 더 단단한 사람이 되어 간다.

집단발달 단계 이론(Group Development Model, 1965)

브루스 터크먼(Bruce Tuckman)

하나의 팀은 성과를 위해 형성(Forming)-격돌(Storming)-규범(Norming)-성과(Performing)의 네 단계를 거치며 성장한다. 갈등은 팀이 성숙하는 과정의 일부다. 진짜 협업은 서로의 다름을 견디는 힘에서 시작된다.

9장

디지털과 주의력

(Attention in the Digital Age)

스크롤을 멈추고 나의 시간을 되찾으려면

하루의 많은 순간이 스크롤로 흘러간다는 걸 문득 깨달을 때가 있다. 의도한 건 아니었다. 그저 잠깐 확인하려던 화면 속에서 어느새 몇 분, 때로는 몇십 분이 순식간에 사라져 버린다. 내가 원해서 머문 시간도 아닌데 손은 같은 동작을 반복하고, 마음은 뒤늦게 따라온다. 마치 손이 먼저 기억하는 일상의 자동화처럼.

트리스탄 해리스(Tristan Harris)는 이런 현상을 '주의력 경제(Attention Economy)'라는 개념으로 설명한다. 디지털 환경은 단순한 기술이 아니라 인간의 심리를 정교하게 이해한 설계다. 무엇이 우리를 멈추게 하고, 무엇이 다시 손가락을 움직이게 하는지, 어떤 자극이 오래 머물게 하는지 정확히 알고 있다. 스크롤은 끝이 없고, 영상은 자동으로 이어지고, 플랫폼은 비어 있는 시간을 허용하지 않는다. 멈추기 어려운 것은 의지가 약해서가 아니라 애초에 멈추지 않도록 만들어진 구조 때문이다.

그러니 스크롤을 멈추지 못했다고 스스로를 탓할 필요는 없다. 우리가 부족해서가 아니라 너무 강한 자극 속에 살고 있는 것뿐이다. 인간은 원래 새로운 정보를 향해 열려 있는 존재다. 새로움은 생존과 연결되어 있었던 오래된 본능이고, 디지털 플랫폼은 그 본능을 가장 정확한 지점에서 잡아챈다.

그렇다고 무력할 필요는 없다. 마음은 여전히 우리가 중심을 잡을 수 있는 내부 공간을 가지고 있다. 스크롤을 멈추는 행위는 단순히 디지털 사용을 줄이는 행동이 아니라 "지금 나의 주의력을 어디에 두고 싶은가?"라는 질문을 스스로에게 던지는 일이다. 그 질문 하나만으로도 마음은 자연스럽게 속도를 늦추고, 생각은 다시 제 자리로 돌아온다.

어떤 날은 아주 작은 결심으로 충분하다. 알림을 몇 개 줄이고, 자투리 시간에 화면 대신 커튼을 열어 햇빛을 맞아보는 일, 잠들기 전 단 5분이라도 손이 아니라 마음을 먼저 움직여보는 일 등. 주의력을 되찾는 과정은 거창한 의지가 아니라, 작고 꾸준한 선택에서 시작된다.

스크롤은 계속 아래로 이어지지만, 마음은 언제든 원하는 순간에 멈출 수 있다. 우리가 멈추기로 결정하는 순간, 비로소 그 시간이 내 것이 된다. 그러니 오늘은 한 번쯤 스크롤을 멈추고, 그동안 잃고 있었던 작은 여유 하나를 다시 맞아보면 어떨까.

주의력 경제(Attention Economy, 2016)

트리스탄 해리스(Tristan Harris)

디지털 플랫폼은 사람의 시간을 빼앗는 것이 아니라 주의력을 경쟁적으로 확보하는 구조 속에서 움직인다. 더 오래 머물게 하고, 더 자주 열어보게 하기 위해 설계된 인터페이스는 사용자의 의지보다 먼저 마음을 끌어당긴다. 스크롤이 멈추지 않는 이유는 개인의 의지가 약해서가 아니라, 인간의 본능을 정확히 겨냥한 환경 때문이라는 관점이다.

SNS의 비교 심리에서 빠져 나오려면

SNS를 열면 언제나 누군가의 좋은 순간이 가장 먼저 눈에 들어온다. 여행 사진, 완벽한 하루, 이루어낸 성취, 단정한 얼굴, 환한 집. 그 장면마다 현실보다 조금 더 빛이 더해진 듯 매끄럽다. 그리고 그 화면 앞에서 우리는 아주 자연스럽게 비교를 시작한다. 의식하지 않아도 손이 먼저 움직이고, 마음은 조용히 뒤따른다.

레온 페스팅거(Leon Festinger)는 '사회비교 이론(Social Comparison Theory)'을 통해 인간이 본능적으로 비교하는 존재라고 말한다. 비교는 자신이 어디쯤 서 있는지 확인하기 위한 심리적 기능이다. 문제는 SNS가 이 기능을 습관처럼 반복하게 만들면서 멈추기 어렵게 만들었다는 데 있다. 타인의 삶이 '하이라이트 영상'처럼 편집되어 나타날수록 우리의 마음은 균형을 잃기 쉽다.

비교가 습관이 되면 우리는 조금씩 자신을 잃어가기 시작한다. 남의 속도로 하루를 평가하고, 남의 기준으로 목표를 세우며, 남의 좋은 순간을 나의 전체와 비교한다. 그렇게 조금씩, 아주 조금씩 내가 흐려진다. 사실 SNS 속 사람들도 모두 평범한 하루를 살아가는 존재다. 하지만 우리는 그들의 좋은 순간만을 이어 붙여 하나의 '완성된 삶'으로 오해한다. 그러니 비교할수록 내 삶이 초라해지는 건 지극히 자연스러운 일이다.

그렇다고 억지로 비교를 멈출 필요는 없다. 대신 이렇게만 물어보면 된다.

"이 비교는 지금 나에게 도움이 되는가?"

대부분 답은 '아니오'일 것이다. 그 질문 하나만으로 생각의 방향이 조용히 바뀐다. 타인의 화면에서 시선을 거두고, 내 하루의 결을 다시 느끼게 된다. 내가 이미 가지고 있는 안정, 내가 쌓아온 노력, 내가 견뎌온 마음이 다시 제 모습대로 떠오른다.

SNS는 사라지지 않고, 비교도 완전히 없어지지 않는다. 하지만 비교 속에서도 '나'를 잃지 않는 일은 가능하다. 타인의 빛나는 순간과 나의 평범한 순간을 같은 선상에 놓지 않아도 되는 하루, 그 하루는 충분히 괜찮다. 평범한 하루가 나쁜 하루는 아니니까.

비교를 멈추는 그 작은 걸음이 조용하지만 확실하게 나를 다시 데려오는 일이다.

사회비교 이론(Social Comparison Theory, 1954)

레온 페스팅거(Leon Festinger)

사람은 본능적으로 자신을 타인과 비교하며 위치를 확인하려는 경향이 있다. 이는 '자기 평가'라는 기능을 위해 필요한 과정이지만, 비교가 일상화될수록 자존감은 외부 자극에 의존하게 되고, 결국 '타인의 기준'이 나의 기준처럼 자리 잡게 된다. 특히 SNS 환경은 비교를 빠르고 강하게 만드는 구조를 갖고 있어 왜곡된 인식이 쉽게 쌓인다.

온갖 알림음 사이에서 집중을 유지하려면

작업을 막 시작하려던 순간, 휴대폰에서 작은 알림음이 울린다. 그 소리 하나가 우리의 마음을 아주 쉽게 흔든다. "잠깐만 보고 와야지." 그 짧은 다짐은 대부분 짧게 끝나지 않는다.

글로리아 마크(Gloria Mark)는 '주의 전환 이론(Attention Switching Theory)'을 통해 이 현상의 문제점을 설명한다. 우리의 뇌는 한 번에 여러 일을 처리하도록 설계되어 있지 않다. 집중하고 있던 흐름이 끊어지면 다시 그 흐름으로 돌아오기까지 몇 분이 아니라 때로는 십여 분 이상 필요하다. 작은 알림 하나가 우리의 시간을 은근하게 빼앗는 이유가 여기에 있다.

더 흥미로운 건 방해는 실제 활동보다 더 오래 마음속에 남는다는 점이다. '아…, 다시 시작해야 하는데', '왜 또 집중이 흐트러졌지?' 우리는 방해 그 자체보다 방해 이후의 감정에 더 오래 머문다. 그러다 보면 해야 할 일보다 '흐트러진 마음'을 추스르는 데 더 많은 에너지를 쓰게 된다.

그렇다고 여기서 스스로를 탓할 필요는 없다. 우리의 집중이 약해서가 아니라 환경이 너무 빠르고 자극적이기 때문이다. 인간의 뇌는 원래 새로운 정보를 향해 반응하도록 만들어져 있고, 알림은 이 본능을 정확히 겨냥한다. 흔들리는 건 '능력의 부족'이 아니라 지극히 자연스러운 '인간다움'에 가깝다.

대신 마음은 작은 질문 하나로 중심을 다시 찾아간다. '지금 이 알림은 꼭 지금 확인해야 하는가?' 이 질문을 던지는 순간, 주의는 잠시 멈추고 나에게로 되돌아온다. 알림을 끄거나 확인 시간을 정해두는 것도 도움이 되지만,

그보다 중요한 건 '내 집중의 흐름이 얼마나 소중한가'를 알고 있는 마음이다. 흐름을 존중하는 마음이 있을 때 방해는 예전만큼 크게 흔들지 못한다. 방해는 늘 찾아오지만, 그 방해에 오래 머물지 않는 힘은 결국 내 안에 있다. 오늘은 알림보다 내 속도의 목소리를 조금 더 크게 들어주는 하루였으면 좋겠다. 그 작은 선택이 마음의 평온을 오래 지켜준다.

주의 전환 이론(Attention Switching Theory, 2007)

글로리아 마크(Gloria Mark)

현대인의 집중력 저하가 '의지 부족' 때문이 아니라, 작고 잦은 방해에 의해 '주의 전환 비용(attentional switching cost)'이 계속 발생하기 때문이라고 보았다. 한 번 주의가 산만해지면 원래의 집중 상태로 돌아오기까지 생각보다 오랜 시간이 걸리고, 방해의 경험은 실제 활동보다 더 오래 정서적으로 남는다.

쇼츠, 릴스에 중독되기 쉬운 이유

짧은 영상을 하나 보고 나면 자연스럽게 다음 영상이 이어진다. '딱 이것만 보고 끄자'라고 마음속으로 다짐해도 손가락은 그 결심을 가볍게 무시한다. 어느새 몇 분이 지나 있고, 집중하려던 일은 다시 뒤로 밀려난다. 왜 이렇게 쉽게 빠져들까.

니콜라스 틴베르헌(Nikolaas Tinbergen)의 '초자극 이론(Supernormal Stimulus Theory)'은 이 질문에 명확한 힌트를 준다. 원래 인간이 반응하도록 만들어진 자극보다 몇 배 더 강하게 설계된 자극을 만나면 뇌는 그것을 '더 중요하고 더 매력적인 것'으로 착각한다. 짧은 영상은 바로 그런 초자극의 집합이다. 빠른 화면 전환, 자극적인 음악, 강렬한 색감, 그리고 몇 초 만에 주어지는 웃음·정보·흥미·충격, 이 모든 요소가 뇌의 보상 회로를 동시에 두드린다.

그러다 보면 어느 순간 '생각'보다 '자극'을 원하는 마음이 더 빨리 올라온다. 깊게 몰입하는 경험보다 즉각적인 자극에 손이 먼저 움직이게 되고, 그 반복이 쌓이면 우리는 쉽게 피곤해진다. 흥미로운 사실은 이 피로가 단순히 뇌의 피곤함에서 오지 않는다는 점이다. 무언가를 깊게 하고 싶어서도, 마음을 한곳에 모으고 싶어서도 계속 끊어지는 흐름이 우리를 더 지치게 만든다. 그래서 아무것도 하지 않은 것 같은데 마음이 무겁고, 괜히 하루가 소모된 듯한 기분이 든다. 주의력이 소모된 것이다.

하지만 여기에는 희망이 있다. 자극에 쉽게 끌리는 뇌의 특성만큼이나 뇌는 금세 회복하는 능력도 지니고 있다. 잠시 화면에서 눈을 떼어 먼 곳을 바라보거나, 창문을 열어 바람을 느끼거나, 짧게라도 걷는 것만으로 뇌는 다시 '자연적 자극'을 기억한다. 그 순간 우리는 균형을 되찾는다. 빠른 자극이 주지 못하는 느릿한 감각과 조용한 집중이 서서히 돌아온다.

짧은 영상이 나쁘다는 말이 아니다. 다만 자극을 선택할 때 내 마음의 속도도 함께 챙기면 좋겠다는 이야기다. 우리의 뇌는 늘 새로움에 열려 있지만, 지켜야 할 리듬도 가지고 있다. 오늘 그 리듬을 잠시라도 되찾을 수 있다면, 주의력은 다시 천천히 그러나 분명하게 힘을 회복한다.

초자극 이론(Supernormal Stimulus Theory, 1951)

니콜라스 틴베르흔(Nikolaas Tinbergen)

인간과 동물이 '자연적 자극'보다 더 강하게 설계된 '자극-초자극(Supernormal Stimuli)'에 과도하게 반응하는 경향이 있다고 설명한다. 디지털 시대의 짧은 영상은 빠른 장면 전환, 높은 자극 밀도, 즉각적인 보상 구조를 통해 뇌의 보상 시스템을 강하게 자극하며, 결국 주의력 소모와 피로를 초래한다.

정보가 넘칠수록 선택이 어려워지는 이유

요즘은 어떤 주제를 검색해도 순식간에 수십만 개의 정보가 눈앞에 펼쳐진다. 처음엔 풍요처럼 느껴지지만 조금만 지나면 마음에 묘한 무거움이 자리 잡는다. "무엇부터 봐야 하지?" "이게 맞는 정보일까?" "혹시 더 좋은 게 있지 않을까?" 허버트 사이먼(Herbert A. Simon)은 1971년에 이미 이 시대를 예견하듯 '주의 희소성 이론(Attention Scarcity Theory)'을 통해 "정보의 풍요는 주의의 빈곤을 만든다"라고 전했다.

정보가 많아지면 선택이 쉬워질 것 같지만 실제로는 그 반대다. 우리의 주의력은 한정되어 있고, 한 번에 받아들일 수 있는 양도 제한되어 있다. 그래서 정보가 많아질수록 우리는 더 많이 아는 것이 아니라 오히려 아무것도 선택하지 못하는 마음에 가까워진다.

흥미로운 건 이 무기력이 능력의 부족이 아니라는 점이다. 지금 시대를 살아가는 모두의 자연스러운 반응일 뿐이다. 가득한 정보 앞에서 머뭇거릴 때 마음은 조용히 속삭인다.

'너무 많아서 감당이 안 돼', '조금만 쉬었다가 하자.'

이럴 때 필요한 건 더 강한 의지가 아니라 내 주의력을 지켜주는 작은 우선순위다. 오늘 하루에 필요한 정보가 무엇인지, 지금의 나에게 실제로 도움이 되는 것이 무엇인지 그 두 가지만 묻는 순간 마음의 혼잡도는 눈에 띄게 줄어든다.

모든 정보를 다 볼 필요는 없다, 모든 것을 다 알 필요도 없다. 오히려 필요한 만큼만 선택할 때 비로소 정보는 '도움'이 되고 선택은 다시 가벼워진다.

세상이 아무리 빠르게 변해도 마음은 여전히 천천히 이해하고자 하는 고유한 리듬을 갖고 있다. 그 리듬을 존중할 때 우리는 정보의 홍수 속에서도 자신만의 길을 잃지 않는다. 결국 넘침 속에서 멈출 수 있는 힘, 그게 현대인이 새롭게 길러야 할 내면의 근육인지도 모른다.

주의 희소성 이론(Attention Scarcity Theory, 1971)

허버트 사이먼(Herbert A. Simon)

사람의 인지 용량은 제한적이기 때문에, 선택해야 할 정보가 너무 많을수록 오히려 결정을 내리지 못하는 상태-주의의 마비-가 나타난다. 결국 정보 과다(overload)는 선택 회피와 무기력을 불러온다.

10장

소유와 내려놓음

(Possession and Release)

나쁜 기억만 골라 버릴 수 없는 이유

아침에 낯선 번호로 문자가 왔다. "매해 가을이 되면 동백 아가씨(칵테일)를 마셨던 추억이 생각나네요. 먼 훗날이라도 언젠가 다시 한번 마실 수 있다면 좋겠네요. 몸 건강하시고 평안한 가을 되시길 바랍니다." 처음엔 스팸인 줄 알았다. 하지만 문장을 끝까지 읽고 나서 한동안 멍하니 있었다. 내가 운영하던 카페에 가끔 들르던 손님이 남긴 문자였다.

작년에 문을 닫으며 나는 모든 흔적을 지웠다. 사진, 메뉴 기록, 웃음 섞인 대화들까지 USB 하나에 담아 서랍 깊숙이 넣었다. '그만 잊자.' 그땐 그것이 최선이었다. 그런데 1년이 지난 지금, 그 한 통의 문자에 마음이 흔들렸다. 나는 나쁜 기억을 지우려다 좋았던 기억들까지 함께 버리고 있었다.

행동경제학자인 리처드 세일러(Richard Thaler)는 '소유 효과 이론(Endowment Effect Theory)'을 통해 사람들이 자신이 가진 물건의 가치를 실제보다 높게 평가한다고 말한다. 물건이 단순한 소유가 아니라 '자아의 일부'처럼 느껴지기 때문이다, 결국 버리지 못하는 건 물건이 아니라 그 안에 남아 있는 나의 한 조각이다. 우리는 물건을 통해 기억을 붙잡고, 기억을 통해 자신을 확인한다. 옷장 속 입지 않는 셔츠 한 장에도 그때의 공기와 함께 웃던 얼굴, 사라진 계절의 온기가 남아 있다.

나에게 그건 카페였다. 그 공간에는 내가 쏟은 시간과 마음이 남아 있었다. 그래서 정리한다는 건 단순히 비우는 일이 아니라 '과거의 나'를 놓아주는 일이었다. 얼마 전, 서랍 속 USB를 다시 꺼냈다. 파일을 열어보지도 않았지만, 그날의 커피 향이 문득 떠올랐다. 그 순간 알았다. 기억은 지운다고 사라지는 것이 아니라는 걸. 버린다는 건 잊는 게 아니라 나를 가볍게 만드는 일이라는 걸. 물건은 모두 정리했지만, 그 시간의 온도는 여전히 나 안에 남아 있었다.

문자를 보낸 그 손님에게 끝내 답장은 하지 못했다. 다만 마음속으로 조용히 말했다.

"그 시절, 함께해주셔서 고맙습니다."

그렇게 또 하나의 가을이, 조용히 내 곁을 지나가고 있었다.

소유 효과 이론(Endowment Effect Theory, 1980)

리처드 세일러(Richard Thaler)

사람은 자신이 가진 물건의 가치를 실제보다 높게 평가하는 경향이 있다. 이는 물건이 단순한 '대상'이 아니라 '자아의 확장'으로 인식되기 때문이다. 버리지 못하는 이유는 물건이 아니라, 그 물건에 얽힌 '나의 일부'를 잃을지 두려워서다. 내려놓는다는 것은 결국, '과거의 나'를 놓아주는 일이다.

물건은 버려도 추억은 남길 수 있을까

참 이상하다. 별것 아닌 물건인데도 마음이 간다, 아마 그것이 단순한 '물건'이 아니라 내 안의 어떤 시간을 품고 있기 때문일 것이다. 나는 향수를 좋아한다. 그래서 다른 물건은 쉽게 버려도 다 쓴 향수병은 쉽게 버리지 못한다. 향이 다 날아가도 그 안엔 그때의 공기가 남아 있다. 화장품은 반도 쓰지 못하고 버리면서도 향수병만큼은 닦아 책장 한편에 두었다. 유리 안에 남은 건 향이 아니라, 그 시절의 나였다.

심리학자 도널드 위니컷(Donald Winnicott)은 '전이 대상 이론(Transitional Object Theory)'을 통해 사람이 특정한 사물을 감정의 매개로 삼는다고 말했다. 아이가 낡은 천 조각이나 인형을 놓지 못하는 이유는 그것이 '엄마의 품'을 대신해 주는 존재이기 때문이다. 그걸 손에 쥐고 있을 때 세상은 조금 덜 낯설다.

어른이 된 후에도 그 원리는 변하지 않는다. 누군가에겐 낡은 머그컵, 누군가에겐 빛이 바랜 스웨터, 또 누군가에겐 오래된 열쇠고리가 그렇다. 그것들을 만질 때마다 이상하게 마음이 차분해진다. 물건이 주는 안정감은 결국 관계의 기억에서 온다.

나에게는 오래된 향수병들이 그런 존재다. 뚜껑을 여는 순간 그 시절의 냄새와 공기, 그때의 표정이 스쳐 지나간다. 어쩌면 우리는 냄새로, 손끝으로 기억을 이어 붙이는 존재인지도 모른다.

얼마 전 정리를 하다 대학 시절 다이어리를 꺼냈다. 몇 장 넘기지 못하고 덮었다. 그때의 문장들이 너무 생생해서 한 줄 한 줄이 지금의 나를 부드럽게 찔렀다. 다시는 돌아갈 수 없는 시간임을 알면서도 그 시간을 완전히 버릴 수는 없었다.

물건은 단순한 소유가 아니다. 그것은 기억의 보관함이고, 때로는 나의 일부다. 버린다는 건 그 물건이 아니라 그 안에 담긴 '나'를 놓는 일과 닮았다. 그래서 나는 여전히 향수병을 버리지 못한다. 그건 미련이 아니라 한때의 나를 존중하는 방식이다. 사람은 결국 관계의 존재이고, 그 관계는 때로 물건의 형태로 남는다. 우리는 물건을 통해 마음을 기억하고, 기억을 통해 자신을 이어간다.

그러니 괜찮다. 오래된 향수병을 그대로 두는 것도. 그건 아직 다 닳지 않은 마음의 조각일 뿐이니까. 가끔은 그렇게, 조금 더 머물러 있어도 된다.

전이 대상 이론(Transitional Object Theory, 1953)

도널드 위니컷(Donald Winnicott)

인간은 특정 사물을 감정적 안정의 매개체로 삼는다. 어린 시절의 인형, 오래된 컵 같은 물건은 감정의 '안식처' 역할을 한다. 그것을 버리기 어려운 이유는 그 안에 관계와 기억이 응축되어 있기 때문이다. 물건은 단순한 물질이 아니라, 마음의 확장된 형태다.

'언젠가 쓸 거야'의 심리를 극복하려면

서랍을 정리하다 보면 꼭 그런 물건이 있다. "언젠가 쓸 거야." 하지만 이상하게도, 그 '언젠가'는 좀처럼 오지 않는다. 심리학자 대니얼 카너먼(Daniel Kahneman)은 '인지적 편향 이론(Cognitive Bias Theory)'을 통해 사람은 얻는 기쁨보다 잃는 고통에 두 배 더 민감하다고 말했다. 그래서 버리기 어려운 것이다. 사실 우리는 물건을 버리는 것이 아니라, 그 물건에 담긴 가능성을 버리는 것처럼 느끼기 때문이다.

나에게도 그런 것을 담은 상자가 있었다. 어디선가 받은 노트, 한 번도 켜지 않은 초, 색이 바랜 엽서 몇 장. 그것들은 단순히 방 한구석에 놓인 물건이 아니라 '미래의 나'를 위한 저장소였다. 언젠가 시간이 많아지고 마음이 여유로워진 내가 사용할지도 모른다는 막연한 기대의 상자. 그러나 그 미래는 아직 오지 않았다. 그건 게으름 때문이 아니라, 이미 나는 그때의 내가 아니었기 때문이다.

심리학에서는 이런 마음을 '손실 회피'라고 부른다. 잃는 것이 싫어서 쌓아두는 마음. 그런데 묘하게도 쌓을수록 마음은 더 무거워진다. 언젠가 써야 할 것들이 늘어날수록 지금의 나는 점점 현재를 살지 못한다.

버림의 핵심은 '결심'이 아니라 '신뢰'다. 지금의 내가 미래의 나를 믿는 일이다. "그때의 나는, 그때 필요한 것을 다시 채울 수 있을 거야." 그 믿음이 생기면 손끝이 조금 가벼워진다. 물건을 버리면 공간이 비지만, 마음을 비우면 시간도 비워진다. 그렇게 남겨진 여백 속에서 지금의 내가 조금 더 선명해진다.

당신의 '언젠가'는 아직 오지 않은 걸까, 아니면 이미 지나가 버린 걸까.

인지적 편향 이론(Cognitive Bias Theory, 1974)

대니얼 카너먼(Daniel Kahneman)

'언젠가 필요할지도 몰라'라는 생각은 손실 회피 성향에서 비롯된다. 인간은 얻는 기쁨보다 잃는 고통에 두 배 더 민감하다. 이로 인해 '미래의 가능성'이라는 허상을 만들어 물건을 붙잡는다. 그러나 실제로 그 '언젠가'는 거의 오지 않는다. 미련은 불안의 다른 이름이다.

정리의 심리학, 버리기 쉬운 것과 어려운 것

옷장이나 냉장고 정리가 유난히 어렵다는 사람들이 있다. 하지만 나는 그런 편이 아니다. 눈에 어수선한 것이 보이면 금세 손이 가 정리를 한다. 그런데 어느 날 문득 생각했다. 이건 단순히 물건을 치우는 일이 아니라, 마음을 다루는 일일지도 모른다고.

예전에 외국에서 지낼 때, 메이드와 드라이버가 함께 살았다. 그들이 1년을 지내기 위해 가져온 짐은 작은 가방 하나였다. 옷 몇 벌, 신발 한 켤레, 화장품 몇 개. 그게 전부였다. 그 단출한 짐을 오래 바라보다 깨달았다. 살아가는 데 꼭 필요한 건 생각보다 많지 않다는 사실을.

우리는 그 반대다. 계절이 바뀔 때마다 입지 않은 옷들이 옷장을 채우고, 신발장에는 운동화·구두·슬리퍼가 종류별로 들어찬다. 냉장고 문을 열면 '언젠가 쓸지도 몰라' 남겨둔 양념과 버리기 아까워 차곡히 넣어둔 음식들이 자리를 차지한다. 첫째 돌잔치 때 남은 떡이 아직 냉동실에 있다는 우스갯소리를 들은 적도 있다. 그건 단순히 물건의 문제가 아니라, 시간과 감정을 놓지 못한 마음의 흔적일지도 모른다.

조던 피터슨(Jordan B. Peterson)은 "당신의 방을 정리하라. 그것이 세상을 바로잡는 첫걸음이다"라고 말했다. 이 말은 단순한 청소의 조언이 아니다. 정리는 질서를 되찾는 일이다. 세상이 뜻대로 흘러가지 않더라도 책상 위만큼은 내 의지로 다스릴 수 있다. 그 작은 질서가 나를 버티게 한다.

나는 글이 막힐 때면 책상을 정리한다. 흩어진 종이를 모으고, 펜을 가지런히 놓는다. 그 단순한 동작 속에서 멈춰 있던 생각이 다시 흐르기 시작한다.

정리는 눈에 보이지 않는 명상이다. 물건을 제자리에 두는 동안 내 마음도 조금씩 제자리를 찾아간다.

사람마다 정리의 기준은 다르다. 어떤 사람은 물건이 많아야 안심이 되고, 나는 비워야 숨이 트인다. 둘 중 어느 쪽도 틀리지 않는다. 중요한 건 '무엇이 나를 평온하게 만드는가'이다.

정리는 결국 공간이 아니라 나를 정돈하는 일이다. 서랍 하나를 정리하면 내 마음의 서랍도 함께 정리된다. 거창한 명상보다 서랍 하나 여는 일이 더 나을 때가 있다. 그 안에는 잊고 있던 나의 조각, 미뤄둔 감정, 그리고 다시 시작할 여유가 숨어 있다.

정리는 버림이 아니라 회복이다. 비워야, 다시 채울 수 있다.

질서와 통제 이론(Order and Control Theory, 1999)

조던 피터슨(Jordan B. Peterson)

공간을 정리하는 행위는 단순한 청소가 아니라, 마음의 질서를 회복하는 심리적 행위다. 무질서는 불안을 강화하고, 정돈은 통제감을 회복시킨다. 물리적 환경은 심리 상태를 반영한다. 방을 정리한다는 것은 곧, 내면의 혼란을 정리하는 일이다.

경험이 물건보다 오래 남는 이유

여행을 즐기는 한 지인의 집에 가면, 거실부터 부엌까지 세상의 흔적들로 가득하다. 남미의 인형, 프랑스 벼룩시장에서 구한 엽서, 동남아에서 들여온 대나무 바구니까지. 그는 그것들을 바라보며 추억을 조용히 꺼내 놓는다.

"이건 내가 처음 혼자 간 여행에서 산 거야."

그에게 그 물건들은 단순한 장식이 아니라 시간을 불러내는 열쇠이자, 지나온 삶의 기록이다.

토마스 길로비치(Thomas Gilovich)는 '경험적 행복 이론(Experiential Happiness Theory)'을 통해 이렇게 말한다. "물건은 소유할수록 가치가 줄어들지만, 경험은 나눌수록 커진다."

새 가방의 설렘, 새 휴대폰의 반짝임은 금세 익숙해지지만, 여행길의 공기, 함께 웃던 얼굴, 비 오는 날 들었던 노래의 잔향은 오래 남는다. 심지어 시간이 흐를수록 더 깊고 선명해진다. 물건은 나를 꾸미지만, 경험은 나를 만든다. 소유는 외형을 채우지만, 경험은 내면의 풍경을 넓힌다. 우리가 기억하는 건 가격표가 아니라 그 순간의 온도, 표정, 마음의 떨림이다.

누군가는 집 안에 기념품을 두고 추억을 되살리고, 또 누군가는 여행 대신 하루의 대화를 오래 기억한다. 형태가 다를 뿐, 본질은 같다. 시간이 지나도 마음속에서 계속 살아 있는 것은 언제나 '경험'이다.

물건은 언젠가 닳고 사라지지만, 그때의 감정은 사라지지 않는다. 그건 내가 어떤 순간들을 살아냈는지를 보여주는 조용한 증거다. 그래서 나는 요즘 물건을 모으기보다 기억을 쌓는 데 마음을 더 쓴다. 이것은 절약의 문제가 아니라, 삶의 질서를 가꾸는 또 다른 방식의 풍요다.

결국 우리는 소유한 것으로 기억되지 않는다. 함께 웃은 얼굴, 손잡고 걷던 거리, 그날의 바람과 빛의 결이 우리의 인생을 완성시킨다. 진짜 부는 통장에 쌓이는 숫자가 아니라, 마음속에 차곡히 쌓인 따뜻한 경험의 무게다. 아마 인생이란, 그 경험을 한 줌씩 쌓아가는 긴 여행인지도 모른다.

경험적 행복 이론(Experiential Happiness Theory, 2003)

토마스 길로비치(Thomas Gilovich)

사람은 물건보다 경험에서 더 큰 만족을 얻는다. 물건은 익숙해질수록 가치가 줄어들지만, 경험은 시간이 지날수록 의미가 확장된다. 여행, 대화, 추억 같은 경험은 '자아의 일부'로 통합되어 정체성의 한 부분이 된다.

멈출 줄 아는 소비의 지혜

살려고 마음먹으면 세상엔 안 살 게 없다. 조금만 둘러봐도 새롭고, 더 편하고, 더 예쁜 것들이 넘친다. 하지만 바꾸려는 마음을 먹는 순간, 몇 개를 빼는 데 그치지 않고 결국 모든 것을 새로 사야 할 것 같은 충동이 밀려온다. 매일 쇼핑해도 다 채워지지 않고, 산 것이 많을수록 이상하게 마음은 비어간다.

외국에서 살던 시절, 수영장이 있는 주택에 머문 적이 있다. 집 뒤에는 1백년은 되어 보이는 과실나무들이 줄지어 서 있었고, 철이 되면 잔디밭엔 사과와 자두가 쏟아졌다. 누구에게 나눠줄 엄두조차 나지 않을 만큼 풍성했다. 그때는 몰랐다. 그 과일들이 주던 풍요가 사실은 '충분함의 감각'이었다는 걸.

한국으로 돌아와 아파트에 살게 되면서 나는 더 이상 화분 하나도 들이지 않았다. 앞산의 나무들이 내 나무려니, 멀리 바라보는 것만으로도 충분했다. 그때부터 알았다. 세상에는 소유하지 않아도 가질 수 있는 것들이 많았다.

심리학자 배리 슈워츠(Barry Schwartz)는 이 현상을 '선택의 역설(Paradox of Choice)'이라고 부른다. 선택의 자유가 늘어날수록 만족은 줄어든다. 우리는 더 많은 선택이 행복을 줄 거라 믿지만, 사실은 더 많은 후회를 만든다. 진짜 자유는 더 많이 고를 수 있는 능력이 아니라, "이 정도면 충분해."라고 말할 수 있는 용기에서 나온다.

멈춘다는 건 결핍이 아니라 완성의 한 형태다. 더 이상 채우지 않아도 괜찮다고 느낄 때, 비로소 마음의 여백이 생긴다. 소비의 본질은 '무엇을 사느냐'

가 아니라 '무엇을 남기느냐'에 있다. 적게 가질수록 마음은 가벼워지고, 그 가벼움 속에서 진짜 욕망이 드러난다.

나는 가끔 옷을 새로 사지 않고 예전 옷을 꺼내 입는다. 그 옷에는 지난 계절의 냄새가 배어 있고, 그때의 내가 고스란히 남아 있다. 새것보다 낡은 것이 더 편할 때, 그것은 소유의 시대를 지나 감각의 시대로 들어섰다는 신호다.

멈출 줄 아는 소비는 단순한 절제가 아니다. 지금 가진 것으로도 괜찮다는 평온한 확신이다. 결국 풍요는 더 많이 채울 때 오는 게 아니라, 멈출 줄 알 때 비로소 완성된다.

선택의 역설(Paradox of Choice, 2004)

배리 슈워츠(Barry Schwartz)

선택의 자유가 늘어날수록 만족감은 줄어든다. 소비의 진짜 자유는 더 많은 것을 고르는 것이 아니라, '충분하다고 느끼는 지점'을 아는 것이다. 멈춤은 결핍이 아니라 완성의 형태다. 적게 가질수록 마음은 가벼워진다.

예상 상실이 두려워서 놓쳐버리는 것들

우리가 두려워하는 순간은 가만히 생각해 보면, 대부분 지금이 아니라 미래에 있다. 지금 이미 잃은 것이 아니라 '혹시라도 잃게 되지 않을까?' 하는 마음이 더 큰 흔들림을 만든다. 연락이 조금 늦어진 것뿐인데 관계가 끝날 것 같아 불안해지고, 아직 버리지도 않은 물건인데 없으면 불편할까 봐 손이 떨어지지 않는다. 심지어 내 자리를 위협하는 일이 없는데도 '이러다 뒤처지는 건 아닐까?' 하는 불안이 따라붙는다.

정작 아무 일도 일어나지 않지만, 마음은 이미 미래의 잃음을 현재의 위기처럼 받아들인다. 대니얼 카너먼(Daniel Kahneman)과 아모스 트버스키(Amos Tversky)가 말한 '손실 회피 편향(Loss Aversion Bias)'이 바로 이런 마음을 설명한다. 사람은 똑같이 10을 얻는 기쁨보다 10을 잃는 두려움을 훨씬 크게 느낀다. 그래서 '잃을까 봐'라는 느낌만으로도 멈추고, 움켜쥐고, 버티게 된다.

이 두려움은 묘하게 정교하다. 실제로 잃기 전부터 그 결말을 먼저 상상하게 만든다. 상상은 점점 디테일을 더하고, 그 상상은 결국 현실처럼 느껴진다. 그래서 예상 상실이 진짜 상실보다 먼저 찾아와 마음을 뒤흔든다.

관계에서도 그렇고, 일에서도 그렇고, 삶의 거의 모든 순간이 그렇다. 우리는 미래를 통제할 수 없다는 사실을 너무 잘 알기 때문에 마음 한편에서는 늘 대비하려 한다. '혹시…'로 시작되는 문장은 대부분 불안의 얼굴을 하고 있다. 그래서 예상 상실의 두려움은 우리를 지키기보다 우리의 선택을 방해한다. 붙잡아야 할 것을 붙잡지 못하고, 놓아야 할 것을 놓지 못한 채 상상

속 위험을 막느라 에너지를 소모한다. 마음은 이미 지쳐 있는데 실제 상황은 아무 변화가 없다.

그러다 문득 이런 질문에 닿게 된다. '정말 잃는 게 두려운 걸까, 아니면 잃을지 모른다는 불확실성이 두려운 걸까?' 이 질문은 마음에 작은 틈을 만든다. 두려움이 '예측에 근거한 감정'이라는 사실을 알아차리는 순간, 그 감정은 현실을 지배하는 힘을 조금 잃는다. 우리가 겪는 불안의 상당수는 '잃음' 때문이 아니라 '잃을지도 모른다'는 가능성 때문이다. 그 가능성은 언제나 과장되어 있고, 대부분 현실보다 크고, 마음을 불필요하게 소란스럽게 만든다.

하지만 잃음은 새로운 공간을 만들고, 놓음은 예상보다 훨씬 가볍고, 떠남은 또 다른 만남을 향한 시작이 되기도 한다. 예상 상실의 두려움은 자연스러운 감정이지만, 그 감정에 길을 내어줄 필요는 없다.

우리는 생각보다 잘 견디고, 생각보다 금방 다시 시작할 수 있고, 생각보다 훨씬 더 단단하다. 없어질까 봐 불안한 마음보다 지금 내 앞에 있는 삶이 더 크고 넓다는 사실을 천천히 배워가는 일, 그게 두려움을 넘어 조금 더 자유로워지는 마음의 과정인지 모른다.

손실 회피 편향(Loss Aversion Bias, 1979)

대니얼 카너먼(Daniel Kahneman), 아모스 트버스키(Amos Tversky)

사람은 똑같은 크기의 이익보다 상실을 훨씬 크게 느끼는 경향이 있다. 실제로 잃은 것도 아니어도, '잃을 가능성'만으로도 뇌는 위협을 감지하고 불안을 크게 키운다. 이로 인해 '없어질까 봐'라는 느낌만으로도 지나친 집착, 과도한 방어, 필요 이상의 걱정이 생긴다.

익숙함의 관성에서 벗어나는 법

이제는 바꿔야 한다는 걸 분명히 알고 있으면서도 쉽게 움직이지 못할 때가 있다. 일을 바꾸고 싶어도 지금 직장이 익숙해서 머뭇거리고, 정리해야 할 물건을 눈앞에 두고도 그냥 서랍을 닫아버리고, 관계가 더 이상 편안하지 않은데도 "그래도 오래 알던 사람이니까…." 하며 계속 머문다. 우리는 흔히 이런 마음을 '용기가 부족해서'라고 생각하지만, 사실은 그보다 훨씬 조용하고 무의식적인 힘 때문이다. 바로 '상태 의존 편향(Status Quo Bias)', 지금 상태를 유지하는 것이 새로운 선택보다 더 안전하다고 느끼는 심리적 관성이다.

변화가 나쁜 건 아니다. 하지만 알 수 없음은 늘 우리를 긴장시킨다. 인간은 미지의 것보다 이미 알고 있는 불편함을 더 편안하게 느끼기도 한다. "새로운 게 더 나쁠지도 몰라." 이 작은 의심 하나가 변화를 가로막는 커다란 벽이 된다. 익숙함은 편안하다. 예측할 수 있고, 몸이 기억하고, 마음이 준비할 필요가 없다. 익숙한 자리에서는 실패할 위험도 줄어드는 듯 보인다. 그래서 때로는 지금의 나에게 더 이상 맞지 않는다는 걸 알면서도 그 익숙함에 머물게 된다.

오래된 물건을 정리하지 못하는 것도, 함께 있을수록 불편해지는 관계를 계속 유지하는 것도, 버리거나 떠나야 한다는 사실보다 버리거나 떠난 뒤의 '나'가 낯설어서 더 어렵다. 사람은 변화 자체가 두려운 것이 아니다. 변화 이후의 나를 상상할 근거가 없다는 걸 더 두려워한다. 상상은 늘 과장되고, 그 틈을 두려움이 비집고 들어온다. 그래서 바꿔야 한다는 사실을 알면서도

'지금 이대로'라는 안정감에 다시 기대 버틴다. 어쩌면 그 안정감은 안전이 아니라 정체(停滯)일지도 모르는데 말이다.

모든 변화는 커다란 결심보다 작은 용기에서 시작된다. 조금만 낯선 길을 걸어보면 그 길도 곧 익숙해진다. 처음엔 어색했던 새로운 일, 처음엔 불편했던 새로운 공간도 시간을 지나면 또 다른 안정감으로 자리 잡는다. 익숙함은 나를 편하게 해주지만, 때로는 내가 조금 더 성장할 기회를 조용히 가려버리기도 한다.

어쩌면 변화란 불편함을 견디는 능력이 아니라 익숙함을 잠시 내려놓는 연습일지도 모른다. 지금 마음에 걸리는 것이 있다면 이렇게 조용히 자기 자신에게 물어보면 좋겠다.

"내가 원하는 건 정말 지금 이 모습일까, 아니면 그냥 익숙해서 머무는 걸까?"

그 질문 하나가 관성에 머무르던 마음을 살짝 흔든다. 약한 흔들림이 시작되어야 비로소 새로운 방향으로 움직일 수 있으니까.

상태 의존 편향(Status Quo Bias, 1988)

윌리엄 새뮤얼슨(William Samuelson), 리처드 제크하우저(Richard Zeckhauser)

사람은 현재 상태를 유지하려는 경향이 강하며, 새로운 선택이 더 나을 가능성이 있어도 지금 그대로를 더 안전하게 느끼는 심리적 편향이다. 실패 위험을 피하려는 마음, 변화가 주는 불확실성, 익숙함이 주는 안정감 때문에 우리는 무의식적으로 '지금 이대로가 낫겠지'라는 판단을 반복한다. 이 편향은 변화가 필요할 때조차 발목을 잡는다.

심리적 소유감을 내려 놓아야 할 때

누군가에게는 아무 의미 없는 물건인데 도무지 버리지 못하는 것들이 있다. 강의 다닐 때 기록했던 수첩, 향수 병, 오래된 머플러 등. 누가 "이걸 왜 아직도 가지고 있어?" 하고 물으면 선뜻 설명할 말은 없지만, 이상하게도 쉽게 손이 가지 않는다.

이게 바로 심리적 소유감이 작동하는 순간이다. 내 삶에 잠시라도 닿았던 것들은 상태나 가격과 상관없이 어느새 마음속에 자리를 차지한다. 내가 만지고, 사용하고, 머물렀던 시간이 그 물건의 의미를 조용히 증폭시킨다. 물건은 그대로인데, 내 마음속 가치는 달라진다.

우리는 생각보다 자주 대상을 통해 자신을 확장한다. 어떤 책을 고르면 나는 그 책을 읽는 사람이 되고, 손에 잘 맞는 컵을 고르면 나는 그 취향을 가진 사람이 된다. 물건을 소유하는 일이 나를 구성하는 일과 이어지는 이유다. 그래서 '내 것'이라는 감정이 생기는 순간, 객관적 가치는 큰 의미가 없다. 그것은 어느 순간 나의 일부가 된다.

이 소유감은 물건을 넘어 관계와 경험, 기억으로도 확장된다. 어떤 관계는 지금의 나에게 더 이상 어울리지 않아도 그 관계에 기대어 살았던 과거의 내가 떠올라 쉽게 놓지 못한다. 어떤 선택은 더는 나를 앞으로 나아가게 하지 못하는데도 그동안 쏟아온 마음이 결정을 망설이게 한다. 우리는 대상을 붙잡는 것이 아니라, 그 대상에 얽힌 '나의 한 조각'을 붙잡고 있는 것이다.

그러니 버리지 못한다고 스스로를 다그칠 필요는 없다. 그 마음의 작동은 지극히 자연스러운 현상이다. 다만 때로는 가만히 스스로에게 물어보면 좋다.

"지금 붙잡고 있는 것은 진짜 '내 것'인가, 아니면 한때의 나를 대신 붙잡고 있는 것인가?"

그 질문을 던지는 순간, 소유의 무게가 조금 달라진다. 지금의 나에게 필요한 것과 이제 놓아도 괜찮은 것 사이가 서서히 구분되기 시작한다. 심리적 소유감은 우리의 마음이 살아 있다는 증거지만, 그렇다고 언제나 계속 붙잡고 있어야 한다는 뜻은 아니다.

소중한 것은 남기고, 떠나보낼 것은 놓아주는 태도. 그것이 결국 나를 더 가볍고, 더 선명한 자리로 데려다준다.

심리적 소유감 이론(Psychological Ownership Theory, 2001)

존 피어스(John Pierce), 마거릿 코스티안스(Margaret Kostianis),
토머스 다우버스(Thomas Dirks)

사람은 실제 소유 여부와 상관없이, 어떤 대상에 '내 것'이라는 감정적 연결을 느끼면 그 가치를 더 높게 평가한다. 이 감정적 소유는 통제하고 싶은 욕구, 자기 확장의 욕구, 정체성을 투영하려는 욕구에서 비롯된다.

쌓이는 감정을 해결하려면

말하고 싶었지만 끝내 말하지 못한 감정들이 있다. 서운함, 미안함, 고마움, 아쉬움, 그리고 진심. 말 한마디면 끝날 일처럼 보이지만, 그 순간 입을 떼지 못해 결국 삼켜버린 감정이다. 그런 감정은 사라지지 않는다. 오히려 마음속 어딘가에서 부채처럼 남는다.

제임스 그로스(James Gross)의 '감정 억압 이론(Emotion Suppression Theory)'은 이 마음을 정확하게 설명한다. 표현되지 않은 감정은 소멸하지 않고 조용히 쌓이며 무게를 키운다. 처음엔 대수롭지 않은 불편함이지만, 시간이 흐를수록 관계를 멀어지게 하고, 나를 지치게 하고, 때로는 예상치 못한 순간 폭발로 나타나기도 한다.

우리는 종종 감정을 말하지 않으면 조용히 끝난다고 생각한다. 그러나 감정은 거래처럼 처리할 수 있는 것이 아니다. '그냥 넘어가자', '말하면 더 복잡해질 거야', '지금은 때가 아니야.' 이렇게 미뤄둔 것들은 마음의 장부에 하나씩 적힌다. 그리고 어느 날 문득, 왜 이 사람과 벽이 느껴지는지, 왜 마음이 쉽게 지치는지, 왜 같은 문제가 반복되는지 알 수 없을 때 그 장부가 조용히 펼쳐진다. 말하지 않은 감정이 결국 감정 부채가 된 것이다.

감정 부채는 빚처럼 이자가 붙는다. 말하지 않은 시간이 길수록 무게는 더 커지고, 상대에게 더 많은 설명을 요구하게 되며, 스스로도 이해하기 어려운 반응을 만들어 낸다. 예전에 지나갔던 작은 서운함이 몇 달 뒤 훨씬 큰 상처로 재생되거나, 사소한 말 한마디가 오래 마음을 누르는 것도 같은 이유다. 미묘한 오해는 설명하지 않으면 기억으로 굳어지고, 아주 작은 상처도 말하지 않으면 감정의 흉터로 남는다.

감정 부채에서 벗어나는 방법은 거창한 대화가 아니다. 솔직함도 완벽할 필요가 없다. 그저 작은 목소리라도 꺼내는 일, 부담스럽지 않은 방식으로 마음을 드러내는 일, 이 감정이 '존재한다'는 사실을 인정하는 것만으로도 충분하다. 때로는 타인에게 말하기 전, 스스로에게 먼저 물어보는 것도 도움이 된다.

"나는 지금 어떤 감정을 미루고 있지?"

"왜 이 말을 꺼내지 못하고 있는 걸까?"

그 질문에 답하는 순간, 감정은 부채가 아니라 마음의 한 부분으로 다시 자리 잡는다. 말하지 못한 감정은 누군가에게 보내지 못한 편지처럼 오래 머문다. 그러나 그 편지를 꼭 상대에게 보내지 않아도 된다. 때로는 나에게 쓰는 편지만으로도 감정 부채는 조금씩 정리된다.

감정은 미루는 순간부터 빚이 되지만, 그 빚은 말하는 순간 천천히 제자리로 돌아간다.

감정 억압 이론(Emotion Suppression Theory, 1998)

제임스 그로스(James Gross)

감정을 표현하지 않고 억누를 때, 그 감정은 사라지는 것이 아니라 내면에 부채처럼 누적된다. 억압된 감정은 시간이 지날수록 정신적 부담을 늘리고, 관계 만족도와 정서적 안정감을 낮추며, 감정 폭발·신체화·대인 회피 등으로 형태를 바꾸어 나타난다. 말하지 않은 감정은 사라지는 것이 아니라, 미뤄둔 대가처럼 마음속에 쌓인다.

잃을 것이 많지 않다는 것은

늘 있는 식탁 모서리에도 부딪히고, 노트북을 차 위에 얹어놓은 채 시동을 걸고 출발한 적도 있다. 달걀부침을 하다 보면 껍질은 프라이팬에 넣고, 정작 올려야 할 알맹이는 휴지통에 넣는 일도 생긴다. 귀걸이는 대부분 쌍으로 남아 있지 않고, 어디에서 잃어버렸는지도 모를 한 짝만 덩그러니 남아 있다. 이런 일이 비단 나 혼자만의 일일까 싶다.

이 얘기를 하려는 건 아니다. 문득 그런 생각이 든다. 만약 잃어버린 물건이 몇백, 아니 몇천만 원짜리 명품이었다면 어땠을까. 귀걸이가 다이아몬드였다면 얼마나 속상했을까. 이런 상상을 하다 보면, 잃어버려도 참을 만한 것들이어서 다행이라는 생각이 든다. 잃어도 삶이 크게 흔들리지 않는다는 사실이 오히려 마음을 편하게 만든다.

심리학에서는 사람의 마음이 얻는 기쁨보다 잃는 고통에 훨씬 더 민감하다고 말한다. 같은 금액이라도 얻었을 때의 만족보다 잃었을 때의 상실감이 더 크게 느껴진다는 것이다. 그래서 사람은 잃을 가능성이 커질수록 불안해지고, 가진 것이 많아질수록 마음은 오히려 더 조심스러워진다. 그렇게 생각해 보면, 내가 자주 잃어버리는 물건들이란 결국 '참을 수 있는 범위' 안에 있는 것들이다.

이 생각은 자연스럽게 삶의 크기로 이어진다. 몇백억, 몇천억, 조 단위를 남기고 가는 인생이 어떤 모습일지 나는 감히 상상조차 하지 못하지만, 분명 나는 그와는 다른 삶을 살고 있다. 만약 이것이 내 그릇의 크기라면, 그 또한 감사한 일이다. 가진 것이 많지 않으면 잃을 것도 적고, 잃을 것이 적으면 마음이 무너질 이유도 그만큼 줄어든다. 잃을 것이 많지 않다는 것은 어쩌면 끝까지 붙잡아야 할 것들이 많지 않다는 뜻이다. 그래서 삶의 마지막 순간을 맞이하는 일마저도, 조금은 덜 무겁게 다가올 수 있다.

손실 회피 이론(Loss Aversion Theory, 1979)

대니얼 카너먼(Daniel Kahneman), 아모스 트버스키(Amos Tversky)

사람은 가진 것이 많아질수록 더 불안해지고, 잃을 가능성 앞에서 쉽게 흔들린다. 반대로 잃을 것이 적을수록 마음은 가벼워진다. 삶의 안정감은 소유의 크기보다, 감당 가능한 손실의 범위에서 비롯된다.

욕심, 나를 움직이게 하는 불편한 동력

사람의 욕심은 마음을 자주 불편하게 만든다. 어떤 책에서는 인간을 탐욕과 두려움, 비교와 기대 속에서 같은 행동을 반복하는 존재라고 설명한다. 유튜브를 보다 보면 그런 말이 실감날 때가 있다. 저 사람보다 내가 더 잘할 수 있을 것 같은데, 왜 나는 저 자리에 있지 않을까 하는 생각이 스친다. 곧바로 실행에 옮길 만큼의 확신이 있는 것도 아니고, 냉정하게 보면 꼭 더 잘한다고 말하기도 어렵다. 그런데도 마음은 먼저 요동친다. 그 불편한 감정은 행동으로 이어지지 못한 채 남아 조용히 하루를 잠식한다.

이 감정은 모든 걸 내려놓고 무감각해지는 것보다는 낫다고 스스로를 달래보지만, 마음의 평정을 유지하는 일은 생각보다 쉽지 않다. 욕심이 고개를 들면 비교가 따라오고, 비교가 시작되면 기대와 좌절이 나란히 움직인다. 그래서 오늘도 나는 책을 읽고, 쓰고, 배우며 자신을 조금이라도 나아지게 만들려 애쓴다. 이것이 성장인지, 불안의 연장인지 분간하기 어려운 채로 말이다.

욕심을 버리라고도 하고, 욕심을 가져야 한다고도 한다. 그만큼 욕심은 쉽게 사라지지 않는다. 욕심이 없으면 평온할 것 같지만, 욕심이 전혀 없다면 아마 아무것도 시작되지 않을 것이다. 그래서 욕심은 버리기도 어렵고, 버리지 않아야 하기도 하므로 결국 함께 살아가게 되는 감정이 된다. 어쩌면 욕심은 고쳐야 할 결함이 아니라, 인간이 인간으로 남아 있다는 증거인지도 모른다. 불편하지만 사라지지 않고, 괴롭지만 또 나를 움직이게 만드는 감정이 욕심의 정체다.

심리학에서는 이런 상태를 '통제해야 할 문제'라기보다 '인식해야 할 대상'으로 바라본다. 앨버트 반두라(Albert Bandura)와 도널드 캔퍼(Donald Kanfer)가 제시한 '자기 점검(Self-Monitoring)' 개념에 따르면, 사람은 자신의 상태를 반복적으로 확인하는 것만으로도 행동을 조절할 수 있다. 변화는 강한 결심에서 시작되지 않는다. 오늘의 마음을 알아차리고, 흔들리는 지점을 기록하고, 다시 돌아보는 일에서 서서히 생겨난다.

그래서 나는 욕심을 없애려 애쓰기보다, 욕심이 올라오는 순간을 살핀다. 비교가 시작되는 지점, 마음이 급해지는 순간을 알아차린다. 숫자나 기록, 루틴 같은 단순한 기준들은 나를 몰아붙이기 위한 도구가 아니라, 삶이 흩어지지 않도록 붙잡아 두는 작은 닻에 가깝다. 완벽해지기 위한 관리가 아니라, 무너지지 않기 위한 최소한의 구조다.

욕심은 여전히 남아 있고, 마음은 여전히 흔들린다. 다만 예전과 다른 점이 있다면, 그 감정을 밀어내지 않고 바라본다는 것이다. 그렇게 하루를 점검하며 살아가는 일. 어쩌면 그것이 욕심 많은 인간이 선택할 수 있는 가장 현실적인 평정의 방식일지도 모른다.

자기 점검(Self-Monitoring, 1977)

앨버트 반두라(Albert Bandura), 도널드 캔퍼(Donald Kanfer)

자기 점검 이론은 자신의 상태를 반복적으로 확인하는 행위만으로도 행동 조절이 가능해진다고 설명한다. 변화는 강한 의지보다, 일상의 관찰과 피드백에서 시작된다.

과거의 나를 통해 지금의 나를 조율하는 방법

살다 보면 문득 지나간 순간의 내가 더 선명하게 떠오를 때가 있다. 그때의 나는 지금보다 활기찼고, 용기도 있었고, 누군가의 기대에 더 잘 부응했으며, 어떤 시절에는 스스로도 놀라울 만큼 잘 버텨냈다. 그래서 그 시기의 나는 '내가 알고 싶은 나'의 기준이 되어 지금의 나를 조용히 압박한다.

프리츠 하이더(Fritz Heider)와 테오도어 뉴컴(Theodore Newcomb)의 '자기 일관성 이론(Self-Consistency Theory)'은 이런 마음의 움직임을 잘 설명한다. 사람은 본능적으로 과거의 자기상과 현재의 나를 일치시키려 한다. 나라는 존재가 흔들리는 것이 불편하기 때문이다. 그래서 우리는 종종 이미 지나간 모습에 자신을 맞추려고 한다.

'그때의 나는 이 정도쯤은 해냈는데', '예전엔 이렇게 약하지 않았는데', '그 시절의 나는 정말 괜찮았는데.' 이렇게 과거의 나를 잣대로 삼으면 현재의 나는 늘 부족해지고, 앞날은 더 조심스러워진다.

과거는 우리에게 영감을 주는 단서이기도 하지만, 때로는 집착을 만드는 거울이 되기도 한다. 그 거울은 내가 잃어버린 모습만 비추고, 지금 새롭게 생긴 강함이나 유연함은 보여주지 않는다. 문제는 과거의 나를 지키기 위해 현재의 감정, 욕구, 한계, 관계까지 억누르게 된다는 데 있다.

'나는 절대 포기하지 않는 사람이야'라는 자기상은 어떤 날엔 굳건함이 되지만, 어떤 날엔 나를 벼랑 끝까지 몰아붙인다. '나는 늘 밝은 사람이야'라는 이미지도 슬픈 날조차 웃게 만들고, 도움이 필요한 순간에도 침묵하게 한다. 과거의 나는 지금의 나에게 용기가 될 수는 있어도, 기준이 되어선 안 된다.

사람은 매일 조금씩 변한다. 좋아하는 것이 바뀌고, 몸이 반응하는 속도가 달라지고, 마음에 쌓이는 피로와 기쁨의 비율도 달라진다. 그런데도 우리는 '이쯤은 버텨야지', '나답지 않아 보일까 봐', '예전처럼 하고 싶어서'라는 이유로 과거의 나를 붙잡은 채 현재를 억지로 끌어당기려 한다. 하지만 그때의 '나'는 지금의 내가 따라야 할 형상이 아니라, 그 시절이 있었기에 도착한 하나의 과정일 뿐이다.

과거의 내가 빛났다면, 그 빛은 이미 내 안에 남아 있다. 그 모습을 반복해야만 내가 유지되는 것도 아니다. 새롭게 살아가는 모습 또한 나의 정체성이다. 그래서 가끔은 과거의 나를 붙잡기보다 지금의 나를 있는 그대로 바라보는 일이 필요하다.

"그때의 나는 그 시절의 나였고, 지금의 나는 지금의 나다."

이 단순한 문장을 받아들이는 순간, 과거에 대한 집착은 조금 느슨해지고 나는 비로소 현재의 삶을 살기 시작한다.

자기 일관성 이론(Self-Consistency Theory, 1950)

프리츠 하이더(Fritz Heider), 테오도어 뉴컴(Theodore Newcomb)

사람은 '나는 이런 사람이다'라는 자기 개념이 흐트러지는 것을 불편하게 느끼며, 과거의 자기상과 현재의 나 사이에 불일치가 생기면 그 간극을 메우기 위해 과거의 모습을 고집하거나, 변화 자체를 거부하려는 경향이 있다. 이 심리는 변화에 대한 저항, 과거 이상화, 현재 삶의 선택 제한으로 이어지기도 한다.

마음의 과적을 덜어내는 방법

가끔 마음이 물건을 잡고 놓지 못하는 이유는 그 물건 자체보다 그 안에 묶여 있는 감정의 무게 때문일 때가 있다. 어떤 컵 하나를 버리려고 해도 그 안에는 나와 누군가가 나눴던 대화가 고스란히 담겨 있고, 옷 한 벌에도 그날의 계절감, 그때의 표정, 그 순간의 나라는 사람이 함께 걸려 있다. 그래서 버림이 어려운 건 결국 물건이 아니라 감정의 과적 때문이다.

제임스 페너베이커(James Pennebaker)의 연구처럼 우리가 표현하지 못한 감정들은 어딘가에 조용히 쌓인다. 눈에 보이진 않지만, 마음의 서랍 안에서 차곡차곡 높아진다. 그 감정이 쌓일수록 가벼워야 할 선택조차 쉬워지지 않는다. 하지만 여기서 중요한 건 감정이 쌓이는 것이 나쁘다는 뜻은 아니라는 것이다.

살아가는 동안 마음은 많은 일을 겪고, 그때마다 흔들리고, 때로는 제자리를 찾지 못한 감정이 남아 있을 수밖에 없다. 감정의 과적은 나의 약함이 아니라 내가 열심히 살아왔다는 기록에 가깝다. 그만큼 마음을 쓰고, 사람을 사랑하고, 일을 붙잡고, 시간을 견뎌냈다는 흔적이기 때문이다.

문제는 감정이 쌓이는 것이 아니라 그 과적을 '혼자서 삭이려는 방식'에 있다. 감정은 조용히 바라보는 순간 가벼워지기 시작한다. 이해받거나 해결되지 않아도 단지 의식 위로 올려놓는 것만으로도 서랍에 쌓였던 감정의 높이는 천천히 낮아진다. 그러면 이상하게도 버림이 쉬워진다. 분리하는 것이 아니라 감정과 사물을 구별할 힘이 생기기 때문이다.

어떤 독자는 이렇게 말할지도 모른다. "감정을 들여다보는 게 오히려 더 어렵지 않나요?" 그럴 수 있다. 하지만 모든 감정을 깊이 파헤칠 필요는 없다. 오늘 느낀 마음의 조각을 짧게 적어보거나, 가까운 사람에게 한마디 털어놓거나, 나에게 "지금 어떤 기분인가요?"라고 조용히 물어보는 것만으로도 과적은 줄어들기 시작한다.

감정이 쌓이는 것은 잘못이 아니다. 오히려 그만큼 '살아 있는 마음'이라는 증거다. 그리고 그 마음이 조금 무거워졌다면 그건 비우라는 경고가 아니라, 이제는 이 마음을 돌볼 때가 되었다는 조용한 알림에 가깝다. 버림은 '잃는 일'이 아니라 지금의 나에게 필요 없는 감정과 천천히 거리를 두는 일이다. 과적이 줄어들면 마음은 다시 움직일 공간을 찾고, 나는 지금의 삶을 조금 더 가볍게 살아갈 수 있다.

그러니 오늘 마음이 조금 무겁다면, 그건 틀린 신호가 아니다. 단지, 이제는 조금 덜 짊어져도 된다는 뜻이다.

정서적 누적(Effortful Emotional Accumulation)
& 정서적 부담(Emotional Load, 1980~1990)

제임스 페너베이커(James Pennebaker)

페너베이커는 감정이 표현되지 않고 마음속에 쌓이면 '정서적 부하(emotional load)'가 증가해 작은 일에도 크게 반응하거나, 정리·결정·관계에서 선택을 주저하게 된다고 설명한다. 하지만 동시에 감정을 언어로 표현하거나 의식적으로 들여다보는 순간, 마음의 과적은 줄어들고 정리 능력이 회복된다고 보았다.

사물이 가진 상징적 의미를 다시 바라보기

우리가 버리지 못하는 것은 종종 '물건'이 아니라 그 안에 걸린 이야기다. 오래된 컵 하나에도 그 시절 내가 좋아하던 취향이 담겨 있고, 낡은 다이어리 한 권에는 그때의 고민과 설렘이 얇은 종이들 사이에 남아 있다. 그래서 버리려는 순간 손이 쉽게 떨어지지 않는다. 어떤 물건은 시간이 흐를수록 기억보다 무거워진다. 그 이유는 그 물건이 '지금의 나'와 '그때의 나'를 이어주는 조용한 다리 역할을 하기 때문이다.

도널드 위니콧(Donald Winnicott)은 이런 물건을 '전이 대상(Transitional Object)'이라 불렀다. 사람은 삶의 어느 지점에서 마음의 균형을 지키기 위해 특별한 대상 하나에 감정을 저장한다고 말했다. 그러니 우리가 물건을 버리지 못하는 것은 집착이라기보다, 나를 지탱해 준 시간을 함부로 놓지 못하는 자연스러움에 가깝다. 하지만 시간이 지나 다시 들여다보면 깨닫게 된다. 그 물건이 나를 지켜준 건 물건 자체가 아니라 그 시절의 감정, 그때의 나였다는 걸.

기억은 물건에 묶여 있는 것처럼 보이지만, 사실은 마음이 기억을 보관하고 있다. 그래서 어떤 물건을 떠나보내도 정작 사라지지 않는 건 그 감정의 온도다. 물건의 의미가 너무 무거워졌다면 그건 '버리라'는 신호가 아니라 다른 방식으로도 충분히 간직할 수 있다는 가능성을 알려주는 신호일지도 모른다. 사진으로 남겨도 되고, 짧은 글로 기록해도 되고, 마음속에서 조용히 감사만 해도 된다.

한 독자가 이런 말을 한 적이 있다.

"물건을 버리고 나니, 기억이 사라질까 봐 걱정했어요. 그런데 이상하게도 더 선명해졌어요."

그 말이 오래 남았다. 우리는 물건을 붙잡아야 과거가 유지된다고 믿지만, 실제로는 과거의 본질이 나라는 사람 안에서 계속 살아 있기 때문이다. 물건은 추억을 담는 상징일 뿐, 추억 그 자체는 아니다.

그러니 오늘 손이 망설여지는 물건이 있다면 자책하지 말고 천천히 바라봐도 된다. 그 물건이 지켜준 시간과 감정에 작게 감사한 뒤, 이제는 "너 없이도 괜찮아"라고 말해줄 수도 있다. 어쩌면 물건은 우리보다 먼저 이별할 준비가 되어 있을지도 모른다.

상징적 상실(Symbolic Loss) &
전이 대상 이론(Transitional Object Theory, 1953)

도널드 위니콧(Donald Winnicott)

어떤 물건에 정서적 의미가 붙는 순간, 그것은 단순한 '사물'이 아니라 심리적 안정과 자기 정체성의 일부를 지탱하는 대상이 된다고 한다. 이를 '전이 대상(transitional object)'이라 부르며, 사람들은 물건을 통해 기억·관계·감정을 상징적으로 보관하려 한다. 그래서 그 물건을 버리는 일은 기억을 잃는 것처럼 느껴져 더 어렵다.

버리기 어려운 심리적 이유

어떤 물건 앞에서 한참 멈춰 설 때가 있다. '버릴까, 말까.' 결정은 단순한 것처럼 보이지만 막상 손이 잘 떨어지지 않는다. 그 이유는 버림이 끝이 아니라, 결국 새로운 선택의 시작이기 때문이다. 무언가를 버린다는 건 그 빈 자리를 앞으로 어떻게 살아갈지 다시 정하는 일과 닿아 있다. 물건 하나를 비우는 일도 태도와 습관, 마음가짐을 다시 고르는 일로 자연스럽게 이어질 수 있다.

그래서 우리는 버림을 망설인다. 잘못 고를까 봐, 지금보다 나빠질까 봐, 혹은 그 선택 이후의 책임을 감당하기 두려워서. 하지만 시선을 조금만 바꾸면 버림은 두려움이 아니라 '여지를 만드는 행위'가 된다. 책상 위 종이 한 장을 버려도 그 작은 공간에 공기가 흐르고, 오랫동안 쓰지 않은 물건을 내보내면 그 자리로 빛이 들어온다. 마음도 똑같다. 무언가를 놓아줘야 그 자리에 새로운 감정과 기회가 들어온다.

선택은 언제나 약간의 긴장을 동반한다. 하지만 그 긴장은 우리가 바뀔 준비가 되어 있다는 신호이기도 하다. 버린다는 건 무언가를 잃는 일이 아니라, 오히려 앞으로의 나를 위한 선택지를 넓히는 일일지도 모른다. 어떤 결정은 빠르게 내려지지 않아도 괜찮다. 충분히 바라보고, 천천히 손을 떼도 된다. 그 사이에서 우리는 내가 무엇을 아끼고 어떤 삶을 원하는지 조금씩 더 명확해진다.

가끔은 이렇게 스스로에게 물어보면 된다.

"이걸 버리면 내가 사라지나, 아니면 조금 더 나다워질까?"

대부분의 경우, 두려움 너머에는 조금 더 가벼워진 내가 기다리고 있다.

선택 회피(Choice Avoidance) & 결정 회피(Decision Avoidance, 1990-2000)

에리카 레만(Erika R. Lehman), 노르베르트 슈바르츠(norbert Schwartz)

사람은 하나를 버리는 순간, 그 빈자리를 채우기 위해 새로운 선택을 해야 한다는 부담을 느낀다. 이렇게 '선택 후 책임'을 떠올리는 순간 우리는 무의식적으로 결정을 미루거나 회피한다. 이것이 '선택 회피(Choice Avoidance) 현상이다. 선택은 자유를 주지만 동시에 가능성을 닫게 하므로, 인간은 유지가 더 쉽다고 느끼게 된다.

정리를 방해하는 방어기제를 극복하는 방법

정리해야 한다는 걸 알면서도 오늘만큼은 굳이 손대고 싶지 않을 때가 있다. 서랍은 조금씩 무거워지고, 책상 위 종이들은 자리를 잃어가지만, 이상하게도 다시 앉으면 금세 익숙해진다. 이건 결코 '게으름'만의 문제가 아니다. 정리를 미루는 행동은 종종 우리 마음이 보내는 작은 방어기제다.

무언가를 정리한다는 건 단순히 물건의 위치를 바꾸는 일이 아니다. 그 과정에는 '해야 할 일', '미뤄놓은 결심', '정리하면 마주해야 할 감정'들이 함께 따라온다. 가끔은 그 감정이 더 버겁다. 그래서 우리는 무의식적으로 정리 대신 잠시 두기를 선택한다. 불편함을 피하고 싶어 하는 아주 인간적인 마음의 습관이다.

그런데 흥미로운 건, 정리를 미루는 동안에도 우리 안에서는 작은 변화가 자란다는 것이다. 눈에 보이지 않는 혼란이 쌓이면 어느 날 문득 '이제는 좀 정리하고 싶다'라는 마음이 자연스럽게 올라온다. 마음이 준비될 때 정리는 훨씬 부드럽다.

그래서 정리를 미룬 날이 있었다고 해서 스스로를 탓할 필요는 없다. 그것은 단순한 회피가 아니라 '지금은 조금 쉬고 싶다'라는 마음의 신호일 때가 많다. 중요한 건 그동안 미뤘던 감정까지 모두 떠안으라는 뜻이 아니라, 준비가 되는 순간 나에게 필요한 만큼만 천천히 손을 내미는 것이다.

책상 한 귀퉁이를 정리해도 마음이 환해질 때가 있다. 서랍 하나를 비워도 기분이 조금 가벼워진다. 정리는 큰 결심이 아니라, 나에게 맞는 속도로 내 삶을 다시 들여다보는 작은 선택이다. 어쩌면 우리는 모든 것을 한 번에 바꾸려 하다 지쳐버린 것인지도 모른다.

그러니 이렇게 스스로에게 물어봐도 좋다.

"오늘은 어디까지 정리하면 나에게 괜찮을까?"

그 질문 하나만으로도 마음의 방어는 조금 풀리고, 정리는 더 이상 '해야만 하는 일'이 아니라 '오늘의 나를 돌보는 방식'이 된다.

회피적 대처(Avoidance Coping) &
방어기제 이론(Defense Mechanisms, 1930-1940)

지크문트 프로이트(Sigmund Freud), 안나 프로이트(Anna Freud)
현대적 확장은 리처드 라자러스(Richard Lazarus)

사람은 불편한 감정이나 해결하기 어려운 문제 앞에서 직면하는 대신 피하는 방식을 선택하기도 한다. 이를 회피적 대처라고 하며, 일시적으로 마음의 부담을 줄이지만 시간이 지나면 오히려 마음의 짐을 키우는 결과를 낳는다. 심리학에서는 이런 패턴을 마음을 보호하기 위한 자연스러운 '방어기제(defense mechanism)'의 한 형태로 본다.

11장

마음의 철학

(Mind, Time and Acceptance)

행복을 미루지 않고 지속하는 방법

"이번 일만 끝나면 좀 쉬어야지", "조금만 더 참으면 행복해질 거야." 이런 말을 자주 하던 시절이 있었다. 그런데 이상하게도, 그 '나중'은 좀처럼 오지 않았다. 늘 일은 다시 생겼고, 행복은 또 다른 조건을 달고 뒤로 밀려났다.

소냐 류보머스키(Sonja Lyubomirsky)는 '지속적 행복 이론(Sustainable Happiness Theory)'을 통해 행복은 목표의 결과가 아니라 '삶을 바라보는 습관'이라고 말한다. 우리는 행복을 미래의 보상처럼 미루지만, 행복은 어떤 특별한 날의 사건이 아니라, 하루를 대하는 태도의 누적이다. 결국 '나중'이 오지 않았던 건, 그때의 내가 행복을 시간의 문제가 아니라 조건의 문제로 착각하고 있었기 때문인지도 모른다.

새로 산 옷이나 승진 소식 혹은 오래 기다린 여행처럼 잠시 강하게 빛나는 순간들이 있다. 하지만 그 반짝임이 사라진 뒤에도 남아 나를 따뜻하게 품어주는 건 결국 '지금 여기'를 감각하는 마음이다. 작은 순간에 머물 줄 아는 태도, 그게 삶의 온도를 결정한다.

그래서 요즘은 커피 한 잔을 마실 때도 향과 온도를 천천히 느껴본다. 시간을 쪼개어 사는 대신, 지금의 순간을 조금 더 붙잡아보려 한다. 행복이란 것이 거창하지 않다는 걸 이제는 조금 알 것 같다. 멀리 있는 줄 알았던 행복이 사실은 늘 곁에서 작은 신호를 보내고 있었던 것인지도 모른다.

'언젠가'보다 '지금'이 더 확실한 시간이라면, 행복도 지금 여기서 시작되어야 하지 않을까. 오늘 내가 느끼는 이 작고 조용한 만족이 어쩌면 내가 오래 찾아 헤매던 행복의 첫 형태일지도 모른다.

지속적 행복 이론(Sustainable Happiness Theory, 2005)

소냐 류보머스키(Sonja Lyubomirsky)

인간은 목표를 달성하면 행복해질 거라 믿지만, 행복은 특정 사건이 아니라 '심리적 습관'에서 비롯된다. 미래의 조건을 채워야만 행복하다는 사고는 '행복 유예 증후군'을 만든다. 행복은 도착점이 아니라, 매 순간의 인식 방식이다. '나중에'보다 '지금 여기에' 집중할 때, 삶의 만족도가 높아진다.

작은 기쁨을 발견하는 눈

특별할 게 없어 더욱 특별한 날들. 나는 이 말을 참 좋아한다. 아무 일 없이 하루를 산다는 건 어쩌면 기적이다. 세상은 언제나 위험과 불확실성으로 가득하지만, 그 속에서도 오늘 하루를 무사히 보냈다는 건 조용한 축복이다. 나는 매일 달라지는 하늘을 본다. 조금씩 빛이 다르고, 구름이 다르고, 바람이 다르다. 그 미묘한 차이들이 하루의 표정을 만든다. 노을이 붉게 물드는 순간, 별이 하나둘 떠오르는 밤하늘, 그 사이에서 나는 '작은 기쁨'을 발견한다.

심리학자 바버라 프레드릭슨(Barbara Fredrickson)은 '긍정정서 확장 이론(Broaden and Build Theory)'을 통해 작은 기쁨은 단순한 감정이 아니라 마음의 유연성과 회복력을 넓히는 힘이라고 말한다. 감사, 미소, 여유 같은 사소한 긍정 정서는 우리의 시야를 확장시켜 삶의 자원을 스스로 만들어낸다. 기쁨은 행복의 결과가 아니라 행복을 짓는 도구다.

아침 빵집 문을 열자 퍼져오는 따뜻한 식빵 냄새, 버스 안에서 누군가 자리를 양보하며 스치듯 오간 미소, 그 짧은 순간들이 하루의 온도를 바꾼다. 나는 예전엔 이런 장면을 너무 사소하게 그냥 흘려보냈다. 하지만 이제는 안다. 그 작은 기쁨의 조각들이 내 하루의 결을 단단하게 만들고 있다는 걸.

기쁨은 거창한 성취에서 오지 않는다. 눈을 열면 어디에나 있다. 오늘 하루에도 분명히 있었다. 당신은 그 순간을 알아차렸을까, 아니면 너무 바빠서 행복이 스쳐 지나간 줄도 몰랐을까.

긍정정서 확장 이론(Broaden and Build Theory, 1998/2001)

바버라 프레드릭슨(Barbara Fredrickson)

작은 기쁨은 단순히 기분을 좋게 하는 데 그치지 않고, 인지적 유연성과 회복력을 확장시킨다. 미소, 감사, 여유 같은 사소한 긍정 정서는 '자원 확장 효과'를 낸다. 즉, 기쁨은 행복의 결과가 아니라, 행복을 만들어가는 심리적 도구다.

감사는 마음의 근육에서 나온다

나의 SNS 소개 글은 이렇다.

“오늘도 감사함으로 하루를 보냅니다.”

짧은 문장이지만, 지금의 나를 가장 잘 설명하는 말이다.

나이를 먹을수록 감사의 폭은 넓어졌다. 맑은 하늘, 노을, 비 오는 풍경, 빗소리. 어릴 때부터 자연을 유독 좋아했던 나는 지금도 여전히 가장 큰 위로를 자연에서 받는다.

물론 모든 순간이 감사로 채워지는 건 아니다. 몇 해 전, 경험도 없이 시작한 사업이 있었다. 예상보다 훨씬 힘들었다. 잠을 줄여가며 버텼지만, 하루하루가 불안과 걱정으로 뒤섞여 있었다. 그때 내가 완전히 무너지지 않았던 이유는 아마도 그동안 쌓아온 ‘감사의 습관’ 덕분이었을지도 모른다. 그건 나를 지탱해준 보이지 않는 마음의 근육 같았다.

한동안 감사 일기를 쓴 적이 있다. 억지로라도 하루에 세 가지씩, 고마운 일을 적어 보는 것. 처음엔 진심이 없었다. ‘커피가 맛있었다’, ‘날씨가 좋았다’, ‘오늘은 덜 피곤했다’처럼 그저 하루를 채우는 문장들이었다.

그런데 이상하게도 며칠이 지나자 마음이 조금 달라졌다. 감사를 억지로 찾던 것이 어느새 자연스럽게 떠올랐다. 일상의 사소한 장면들이 조금 더 따뜻하게 다가왔다. 그건 삶이 바뀌어서가 아니라, 내가 바라보는 시선이 달라졌기 때문이었다.

로버트 에먼스(Robert Emmons)는 ‘감사는 감정이 아니라 선택’이라고 말한다. 어떤 사건이 주어지든 그 일을 해석하는 방식이 결국 우리의 마음을 결정한다. 같은 하루라도 무엇을 기억하느냐에 따라 삶의 온도는 완전히 달라진다.

감사를 자주 느끼는 사람은 행복해서 감사한 게 아니라, 감사하기 때문에 행복하다. 감정은 늘 생각의 뒤를 따른다. 감사는 마음의 근육처럼 쓸수록 단단해지고, 단단해질수록 다시 나를 지탱해준다.

나는 여전히 완벽하게 감사하지 못한다. 가끔은 투덜거리고, 어떤 날은 하늘조차 예쁘지 않다. 그럼에도 불구하고 오늘 하루를 마무리하며 작게 중얼거린다.

"그래도 고마웠다."

그 말 한 줄이 다시 내일을 버티게 한다.

감사 심리학(Gratitude Psychology, 2003)

로버트 에먼스(Robert Emmons)

감사는 단순한 예의가 아니라, 인지적 선택이다. 반복적인 감사 습관은 부정적 사건의 해석 방식을 바꾸고, 삶에 대한 통제감과 만족감을 높인다. 감사를 느끼는 사람은 불안을 덜 경험하고, 관계 만족도가 높다. 감사는 '행복의 원인'이지 결과가 아니다.

의미와 행복의 균형을 다시 바라보기

우리는 흔히 행복을 목표로 삼는다. 하지만 행복은 목표라기보다, 길 위에서 잠시 머무는 쉼 같은 것인지도 모른다. 잠깐 머물렀다가 다시 떠나는 작은 온기, 그 이상의 의미는 없다.

빅터 프랭클(Viktor Frankl)은 "삶의 의미를 묻지 말고, 삶이 묻는 질문에 답하라"라고 말한다. 그는 아우슈비츠 수용소에서도 희망을 잃지 않았다. 고통의 이유를 발견하는 순간, 그는 여전히 '살아야 하는 이유'를 찾았기 때문이다.

행복은 기분의 문제지만, 의미는 방향의 문제다. 행복은 부드럽게 흔들리고 사라질 수 있지만, 의미는 삶의 방향을 붙잡는 중심이 된다. 의미를 가진 사람은 흔들려도 무너지지 않는다. 행복이 잠시 사라져도, 그를 지탱하는 이유가 남기 때문이다.

나는 종종 스스로에게 묻는다. 지금 내가 느끼는 행복이 '의미에서 온 안정감'인지, 아니면 단지 편안함에서 비롯된 잠시의 따뜻함인지. 편안함은 쉽게 얻을 수 있지만, 의미는 시간을 들여 찾아야 한다. 때로는 의미가 행복보다 더 느리게 찾아오지만, 아마도 더 오래 머물기 위해 그런 속도를 택한 것일지도 모른다.

그래서 오늘도 생각해본다. 행복했던 순간 말고, 의미 있다고 느낀 순간은 언제였을까. 그 한 지점이 삶의 방향을 조용히 바꾸어놓는다는 사실을 이제는 조금 알 것 같기 때문이다.

의미 치료(Logotherapy, 1946)

빅터 프랭클(Viktor Frankl)

행복은 쾌락에서 오지만, 의미는 목적에서 온다. 인간은 고통 속에서도 '왜 살아야 하는가'를 찾을 때 회복력을 얻는다. 의미 중심의 삶은 감정의 기복을 넘어 지속적인 심리적 안정감을 준다. 프랭클은 "삶의 의미를 묻지 말고, 삶이 묻는 질문에 답하라"라고 말한다.

지루함의 미학

지루한 하루를 보내는 것만큼 사치스러운 날도 없다. 아무 일 없는 하루는 어쩌면 가장 고요한 선물이다. 늘 바쁘게 돌아가는 세상 속에서 지루함은 잠시 숨을 고르라는 신호처럼 느껴진다. 그 시간에 비로소 나는 나를 다시 느낀다.

심리학자 존 이스트우드(John Eastwood)는 지루함을 '의미의 결핍'이라 보지 않았다. 오히려 '의미를 다시 찾으라는 내면의 요청'이라고 말했다. 그의 '지루함 이론(Boredom Theory)'에 따르면, 우리가 심심하다고 느낄 때 뇌는 멈춰 있는 게 아니라 새로운 연결을 시도한다. 아무것도 하지 않는 것처럼 보이는 그 순간에도 생각은 천천히 이어지고, 아주 조용하게 확장된다.

나는 그 말을 믿는다. 어느 오후, 카페 창가에 앉아 멍하니 하늘을 바라보다 문득 떠오른 문장이 있었다. 억지로 짜내던 시간엔 오지 않던 문장이었다. 그때 알았다. 지루함은 무의미가 아니라 생각이 자라는 공간이라는 사실을.

요즘은 일부러 그 시간을 만든다. 핸드폰을 멀리 두고, 커피 향이 퍼지는 소리를 들으며 잠시 멍하니 앉아 있는다. 창밖을 바라보다 보면 마음이 고요해지고, 해야 할 일보다 지금의 나에게 집중하게 된다. 그 시간엔 불안이 아니라 여백이 자란다. 그리고 그 여백 속에서 생각이 제자리를 다시 찾아간다.

지루함은 결핍이 아니라 쉼표다. 문장에 쉼표가 있어야 숨이 쉬듯, 우리의 하루도 그 쉼표에서 다시 살아난다. 아무 일 없는 시간, 그 안에서 우리는 다시 시작할 힘을 얻는다.

가끔은 아무것도 하지 않아도 괜찮다. 그 고요 속에서 삶은, 여전히 아주 천천히 움직이고 있다.

지루함 이론(Boredom Theory, 2012)

존 이스트우드(John Eastwood)

지루함은 무의미가 아니라, 의미를 재정비하라는 내면의 신호다. 현대인은 자극에 익숙해져 지루함을 피하려 하지만, 바로 그 시간이 '사유의 공간'을 만든다. 아무것도 하지 않는 순간에 뇌는 창의적 연결을 시도한다. 지루함은 '내면의 리셋'이다.

선택하지 않을 자유도 필요하다

밥을 먹을 때 메뉴를 고르는 일을 나는 유난히 귀찮아한다. “뭐 먹을래?”라는 질문 앞에서 나는 대개 상대방의 선택을 따르거나 그냥 그 집의 대표 메뉴를 주문한다. 어차피 한 끼 먹을 건데 그 몇 분의 고민에 에너지를 쓰고 싶지 않다. 그 시간을 비워두는 쪽에서 오히려 마음이 편해진다.

심리학자 배리 슈워츠(Barry Schwartz)는 말한다. 선택의 폭이 넓어질수록 만족감은 줄어든다고. 그의 ‘선택의 역설(Paradox of Choice)’은 선택지가 많아질수록 우리는 자유롭지 않고 오히려 피로해진다는 사실을 보여준다. 선택은 자유를 주는 것처럼 보이지만, 실제로는 후회와 비교를 더 많이 학습하게 만든다.

한 번은 편의점 음료 코너 앞에서 한참을 서 있었던 날이 있다. 콜라, 스파클링, 제로, 복숭아, 레몬, 라임. 선택지는 넘쳤지만, 이상하게 마음이 더 복잡해졌고, 결국 아무것도 사지 않고 돌아섰다. 그 순간 깨달았다. 선택이 많다고 반드시 풍요로운 것은 아니라는 걸.

선택은 언제나 책임을 부른다. 무엇을 골랐는지보다, 고른 뒤 ‘놓친 것들’을 떠올릴 때 우리는 가장 피로해진다. 그래서 나는 이제 ‘선택하지 않음’을 두려워하지 않는다. 그건 게으름이 아니라 마음을 덜어내는 전략적인 수용이다. 요즘은 카페 메뉴 앞에서도 망설이지 않는다. 늘 마시던 라테를 주문한다. 매번 새로운 메뉴를 고르느라 마음이 소란스러울 바에는, 익숙한 선택이 주는 평온함이 더 좋아졌다. 단순한 선택은 나를 단순하게 만들고, 단순함은 나를 자유롭게 한다.

선택이 인생을 채운다면, 포기는 인생을 정리한다. 모든 것을 가지려는 욕심 대신 내가 감당할 만큼만 품는 일. 그건 어쩌면 가장 세련된 삶의 방식이다. 그래서 나는 오늘도 이렇게 생각한다.

'선택하지 않을 자유.'

그건 소극적 회피가 아니라 마음을 가볍게 하는 지혜일지도 모른다.

선택의 역설(Paradox of Choice, 2004)

배리 슈워츠(Barry Schwartz)

선택의 폭이 늘어날수록 만족감은 감소하고, 후회는 커진다. 인간은 너무 많은 옵션 속에서 오히려 결정 장애를 겪는다. '선택하지 않음'은 소극적 회피가 아니라, '가벼운 마음을 위한 전략적 수용'이다. 모든 가능성을 쥐려다 결국 아무것도 즐기지 못하게 된다.

속도를 늦출 때 비로소 보이는 것들

급히 해서 잘되는 일은 많지 않다. 빵을 구울 때도, 글을 쓸 때도, 그림을 그릴 때도 마찬가지다. 조급함은 언제나 깊이를 앗아가고, 서둘러 그린 선은 금세 흔들리며, 급히 누른 음표는 감정을 놓친다.

아이들이 피아노나 그림을 배우는 건 단지 기술을 익히기 위해서가 아니다. 천천히 해보는 법, 멈추지 않고 꾸준히 가는 법, 속도를 조절해 자신의 리듬을 찾는 법을 배우는 것이다. 그건 어른이 되어서도 여전히 필요한 마음의 근육이다.

칼 호너(Carl Honoré)는 『슬로우 무브먼트(Slow Movement)』에서 "빠름은 효율처럼 보이지만, 종종 의미를 앗아간다"고 말한다. 느림은 단순히 속도를 늦추는 일이 아니라, 삶의 리듬을 되찾는 일이고, 무심코 흘려보냈던 감정의 결을 다시 손끝으로 느껴보는 일이다.

운전할 때도 그렇다. 마음을 급히 쏟아 속도를 높여도 도착 시간은 몇 분 차이 나지 않는다. 대신 위험은 커지고 마음은 조급해진다. 급히 달릴 땐 길가의 풍경이 사라지고, 멈춰 선 신호 앞에서야 비로소 하늘의 색이 보이곤 한다.

천천히 걷는 사람은 풍경을 보고, 천천히 말하는 사람은 상대의 마음을 듣는다. 속도를 늦춘다는 건 멈추는 것이 아니라, 나의 리듬을 회복한다는 뜻이다. 빠름이 우리를 앞서가게 했다면, 느림은 우리를 깊은 곳으로 데려온다.

급히 살던 시절에는 보이지 않던 것들이 있다. 바람의 냄새, 커피 향이 남기는 잔향, 햇살이 창문에 닿아 반짝이는 순간들. 속도를 낮추면 이런 감각들이 조용히 되살아난다. 삶의 속도를 늦추면 마음의 속도도 자연스레 따라온다.

빠름은 능력이 될 수 있지만, 느림은 품격이 된다. 속도를 줄인다고 세상이 멀어지는 게 아니다. 그제야 비로소, 더 정확하게 닿는다. 이제는 천천히 사는 사람이 가장 멀리 간다. 왜냐하면 그는 도착보다 '지나가는 순간'을 알고, 삶은 속도가 아니라 방향으로 기억되는 법이기 때문이다.

슬로우 무브먼트(Slow Movement, 2004)

칼 호너(Carl Honoré)

빠름은 효율처럼 보이지만, 때로는 의미를 잃게 만든다. 속도를 늦춘다는 것은 멈춤이 아니라, '의식적인 삶의 리듬'을 회복하는 일이다. 천천히 살수록 감정의 결을 세밀하게 느끼고, 관계의 질도 깊어진다. 느림은 게으름이 아니라 삶의 존중이다.

실패를 다시 정의하는 법

어른이 된다는 건 실패를 견디는 법을 배우는 일이다. 누구나 넘어지지만 어른은 그 자리에 오래 머물지 않는다. 다시 일어서는 방법을 생각하고, 다음 한 발을 준비한다. 삶은 처음부터 완성된 설계도가 아니라, 수정과 보완을 거듭하는 초안에 가깝다는 사실을 조금씩 깨달아가는 과정이다.

캐럴 드웩(Carol S. Dweck)은 사고방식을 두 가지로 나눈다. '고정 마인드셋'은 실패를 능력의 한계로 여기고, '성장 마인드셋'은 실패를 학습의 과정으로 본다. 실패의 크기가 성장의 크기를 결정하는 것이 아니라, 그 실패를 어떻게 해석하느냐가 성장의 방향을 바꾼다.

돌아보면 나는 실패를 통해 가장 많은 것을 배웠다. 계획이 어긋날 때마다 마음은 크게 흔들렸지만, 그 흔들림 속에서 늘 길을 찾았다. 사업이 잘 풀리지 않던 시기, 밤새 글이 막혀 한 문장도 쓰지 못하던 날들. 그 시간들은 내 생각이 가장 깊어지던 순간이었다. 무너졌던 그때의 나에게 지금도 고맙다. 그 경험이 없었다면 지금의 단단함도 없었을 테니까.

실패는 종종 나를 주저앉히지만, 결국엔 방향을 알려준다. 넘어졌다는 사실보다 중요한 건 왜 넘어졌는지 이해하는 일이다. 그 이유를 알게 되면 다음에는 조금 더 안정된 걸음을 내딛게 된다. 아이가 넘어지며 걸음을 배우듯, 우리도 실패를 통해 삶을 배워간다.

다시 시도할 용기가 생기는 순간, 실패는 더 이상 과거의 상처가 아니라 앞으로 나아가는 힘이 된다. 한 번의 실패가 나를 규정하지 않는다. 그것은 단지 다음 문장을 써 내려가기 위한 잠시의 쉼표일 뿐이다.

실패는 끝이 아니다. 그것은 '방향의 수정'이자 '깊이의 시작'이다. 틈틈이 고쳐 걸으며 우리는 조금씩, 더 나은 내가 되어간다. 어른이 된다는 것은 완벽해지는 일이 아니다. 실패를 두려워하지 않고, 그 속에서도 계속 나아가려는 마음을 잃지 않는 것이다.

그리고 어느 순간 조용히 깨닫게 된다. 실패를 견뎠던 시간이야말로 나를 자라게 만든 가장 깊은 시간이었음을.

성장 마인드셋 이론(Growth Mindset Theory, 2006)

캐럴 드웩(Carol S. Dweck)

실패는 무능의 증거가 아니라, 학습의 과정이다. 고정 마인드셋을 가진 사람은 실패를 회피하지만, 성장 마인드셋을 가진 사람은 실패를 데이터로 본다. 실패를 다시 정의하는 순간, 두려움이 줄고 도전의 범위가 넓어진다. 실패는 끝이 아니라 방향의 수정이다.

일상에 작은 의식을 더하는 이유

오늘 누군가는 인생에서 두 번 다시 없을 날을 맞고, 또 누군가는 새 생명을 품는다. 어떤 사람은 사랑을 확인하고 누군가는 오래 준비한 약속을 받는다. 한쪽에서는 최고점을 찍고 환호가 터지지만, 같은 날 누군가는 세상에서 가장 슬픈 시간을 견디고 있을지도 모른다. 하루는 그렇게 누군가에게는 시작이고, 누군가에게는 끝이 된다.

나는 종종 이런 생각을 한다. 비슷해 보이는 하루라도 그 안을 채우는 감정의 결은 사람마다 전혀 다르다고. 그래서 중요한 건 하루의 속도나 성과가 아니라, 그 하루를 어떻게 바라보느냐일지도 모른다.

심리학자 엘렌 랭어(Ellen Langer)는 이렇게 말한다. "마음 챙김은 명상이 아니라, 주의를 되돌리는 일이다." 그녀의 '마음 챙김 이론(Mindfulness Theory)'은 지금 이 순간의 작은 행동에 의식을 두는 것이 삶의 밀도를 높이는 가장 단순한 방법이라고 설명한다. 거창한 수행이 아니라, 자동으로 흘러가는 주의를 '현재'로 다시 데려오는 습관. 단지 그뿐이다.

나는 예전엔 늘 마음이 앞서 있었다. 밥을 먹으면서 다음 일을 걱정했고, 걸으면서 내일의 일정부터 떠올렸다. 그래서 현재는 늘 비어 있었고, 하루를 살았지만, 하루를 깊게 느끼지 못한 채 지나가곤 했다.

요즘은 조금 다르다. 걷는 속도를 한 박자 늦추고, 말의 템포를 부드럽게 낮추고, 밥 한 숟가락의 온도까지 느껴본다. 별것 아닌 것 같은 이 단순한 행위들 속에서 삶이 조금 더 촘촘해진다는 걸 실감한다.

마음 챙김은 특별한 변화를 만드는 기술이 아니다. 그건 '평범함을 특별하게 바라보는 태도'에 가깝다. 매일 같은 길을 걷더라도 햇빛의 각도는 늘 미묘하게 다르고, 바람의 온도도 계절마다 변하고, 나무의 색도 하루 사이에 조금씩 바뀐다. 그 작은 차이 하나만으로도 오늘은 어제와 똑같지 않다.

삶이 주는 기적은 큰 사건 속에만 있는 게 아니다. 오히려 가장 사소한 순간 속에 조용히 숨어 있다. 커피를 내리는 손끝의 미세한 떨림, 창밖에서 스치는 바람의 방향, 식탁 위에 놓인 따뜻한 그릇, 출근길에 흘러나오는 익숙한 노래. 이런 작은 감각들을 의식하는 순간, 우리는 비로소 '살아 있음'을 선명하게 느끼게 된다.

삶은 그렇게 우리에게 말을 건넨다. 거대한 변화를 기다릴 필요는 없다고. 오늘의 아주 작은 순간에서 이미 충분한 의미가 태어나고 있다고.

마음 챙김 이론(Mindfulness Theory, 1989)

엘렌 랭어(Ellen Langer)

마음 챙김은 명상이 아니라, '주의의 재배치'다. 현재의 순간에 의식을 두면 자동적 사고에서 벗어나 삶의 밀도를 높일 수 있다. 일상의 사소한 행동 속에 의식이 깃들 때, 평범함은 의미가 된다. '살아 있음'을 느끼는 가장 단순한 방법이다.

결국 나를 지키는 힘

세상이 조금씩 차가워질수록 나는 오히려 더 따뜻해지고 싶어진다. 누군가에게 건네는 위로보다 먼저, 나 자신에게 들려주는 다정한 말 한마디가 얼마나 큰 힘이 되는지를 이제야 알게 되었기 때문이다.

폴 길버트(Paul Gilbert)는 "자비는 타인을 향한 온정이 아니라, 스스로를 향한 비판을 멈추는 태도에서 시작된다"고 말한다. 그의 '자비 심리학(Compassion-Focused Therapy)'은 따뜻함이 약함이 아니라 마음을 회복시키는 하나의 기술임을 알려준다. 인간의 뇌는 위협보다 자비가 활성화될 때 훨씬 안정되고, 더 유연하게 반응한다는 연구도 이를 뒷받침한다.

우리는 종종 착한 사람이 되려다가 지친다. 모두를 이해하려 하고, 모두에게 좋은 사람이 되려 애쓰다 보면 정작 나를 바라보는 시선만 점점 더 거칠어진다. 하지만 자비는 그렇게 힘겨운 싸움이 아니다. 그건 그저 스스로에게 조용히 말하는 일이다.

"괜찮아, 오늘은 여기까지면 충분해."

이 한 문장만으로도 마음에서 미세하게 들려오던 긴장이 풀릴 때가 있다. 자비란 거창한 사랑이 아니라 작은 용서가 차곡차곡 쌓이는 과정에 가깝다.

나는 오래전엔 강하다는 것이 흔들리지 않는 것이라고 믿었다. 단단함을 유지하기 위해 더 날카로워져야 한다고 생각했던 적도 있었다. 하지만 지금은 안다. 진짜 강함은 따뜻함을 끝까지 잃지 않는 데 있다. 냉소보다 온기를, 비판보다 이해를 선택하는 일. 빠른 변화를 만들어내는 방식은 아니지만, 세상을 덜 차갑게 만들 수 있는 가장 확실한 방법이다.

그래서 나는 이렇게 바란다. 언젠가 누군가가 내 이름을 떠올릴 때, "그 사람, 참 따뜻했지." 이 한마디로 기억된다면 그것이면 충분하다. 끝까지 따뜻한 사람으로 남는 일. 그것은 아마도 세상을 바꾸는 가장 느리고, 가장 아름다운 방법일 것이다.

자비 심리학(Compassion Focused Therapy, 2009)

폴 길버트(Paul Gilbert)

자비는 타인을 위하는 마음이 아니라, 자신을 공격하지 않는 태도에서 시작된다. 인간의 뇌는 위협 시스템보다 자비 시스템이 활성화될 때 더 안정된다. 친절은 감정의 낭비가 아니라, 회복의 기술이다. 결국 따뜻한 사람으로 남는다는 것은 세상을 바꾸는 가장 느린 혁명이다.

감정은 사라지는 것이 아니라 약해진다

처음에는 견딜 수 없을 만큼 선명했던 감정도 시간이 지나면 조금씩 색이 바랜다. 그 흐릿함이 낯설게 느껴질 때가 있다. "이렇게 빨리 잊혀도 되는 걸까?", "그만큼 마음이 가벼웠던 건 아닐까?" 스스로를 의심하게 되는 순간도 찾아온다.

하지만 감정이 옅어지는 건 무심함의 증거가 아니다. 심리학은 이를 인간이 버티기 위해 갖고 있는 자연스러운 마음의 구조라고 설명한다. 시간은 감정을 지워버리는 것이 아니라 그 감정이 나를 아프게 찌르지 않도록 모서리를 조금씩 둥글게 만든다. 처음엔 만지기만 해도 쓰라리던 기억도 어느 순간 손으로 쓱 문질러도 상처 나지 않을 만큼 부드러워진다.

기억은 사라지는 것이 아니다. 다만 나를 덜 아프게 하는 형태로 자리를 바꿀 뿐이다. 그래서 어떤 감정은 잦아들수록 새로운 의미를 남긴다. 처음엔 도저히 견딜 수 없었던 사건도 시간이 흐르면 '그때의 내가 있었기에 지금의 내가 있다'라고 조용히 말할 수 있게 된다.

기쁨도 예외는 아니다. 한때 눈부셨던 순간이 영원히 같은 강도로 빛날 수는 없다. 행복도 익숙해지고, 그 자리를 일상의 온도가 대신한다. 그 변화가 슬픔이 아니라는 것을 마음은 잘 알고 있다. 오래도록 행복을 품기 위해 필요한 적응이기 때문이다.

그래서 감정은 '사라지는 것'이 아니라 '살아갈 수 있는 무게로 변하는 것'에 가깝다. 때로는 감정이 옅어지는 것이 자신을 배신하는 일처럼 느껴지지만, 사실은 시간이 나를 지키기 위해 조금씩 덜어낸 선물이다. 감정이 예전만큼 강하지 않다고 해서 그때의 내가 가벼웠던 것은 아니다. 단지 지금의 내가 더 단단해진 것이다.

그러니 감정이 흐려지는 날이 와도 걱정하지 않아도 된다. 그 감정은 없어지는 것이 아니라 내 안의 더 깊은 곳으로 이동해, 이제는 나를 다치지 않게 바라볼 수 있는 자리로 옮겨 앉았을 뿐이다.

그리고 어느 날 문득, 마음속에서 이런 생각이 떠오르기도 한다.

“이제는 이 감정과 나란히 걸을 수 있겠다.”

그때 비로소 알게 된다. 시간이 모든 감정을 약하게 만든 것이 아니라 내가 감정에 덜 흔들리는 사람이 되도록 천천히 단단하게 빚어왔다는 것을.

쾌락적 적응(Hedonic Adaptation) &
감정 소멸 편향(Affective Fading Bias)

필립 브릭먼(Philip Brickman), 도널드 캠벨(Donald T. Campbell)

인간은 강한 감정도 시간이 지나면 서서히 익숙해지고, 감정의 강도는 자연스럽게 약해지는 경향이 있다. 특히 부정적 감정은 더 빨리 희미해지고, 긍정적 감정은 상대적으로 오래 남는 경향을 ‘감정 소멸 편향(Affective Fading Bias)’이라고 한다. 이는 감정이 ‘사라지는’ 것이 아니라, 시간이 마음을 보호하며 감정의 모서리를 둥글게 깎아주는 자연스러운 과정으로 이해된다.

가치를 다시 배치하는 기술

옷장을 정리하다 보면 수많은 옷 중에서 결국 손이 가는 건 몇 벌뿐이라는 사실을 새삼스럽게 알게 된다. 책장도 다르지 않다. 한때는 꽂을 자리가 부족해 책을 겹쳐 올려두면서까지 채워 넣었지만, 시간이 지나 돌아보면 끝까지 함께하고 싶은 책은 언제나 몇 권에 불과하다. 많이 가진다는 것이 풍요로움을 보장하지 않는다는 것을 우리는 그렇게 천천히 배워간다. 많아질수록 중요한 것들이 그 안에서 희미해진다는 사실을.

배리 슈워츠(Barry Schwartz)의 연구가 말하듯, 선택이 많아질수록 사람은 더 고민하고 더 후회한다. 선택지가 넓어지는 만큼 자유가 늘어날 것 같지만, 실제로는 '이게 정말 최선이었을까?'라는 의심 속에서 마음이 오히려 복잡해진다. 반대로 과감히 줄이는 순간 선택은 단순해지고, 내 삶을 지탱하는 본질만 또렷하게 떠오른다. 그래서 '가치 재배치'는 단순한 비우기가 아니다. 덜 가지는 데서 끝나는 것이 아니라, 진짜 나를 지탱하는 것들로 삶의 중심을 다시 세우는 과정이다.

어떤 사람은 물건을 줄이는 과정에서 지금의 취향을 발견하고, 어떤 사람은 관계를 정리하며 자신을 지키는 경계를 배운다. 또 어떤 사람은 오래 품어온 감정을 내려놓으면서 새로운 감정이 자리할 공간을 만든다.

덜 가지려고 마음먹는 순간, 내가 무엇을 소중히 여겨왔는지가 조용히 드러난다. 우리가 놓지 못했던 것들을 자세히 들여다보면 그 안에는 과거의 나, 한때의 불안, 필요 이상으로 붙잡고 있던 인정 욕구가 얇게 숨어 있었음을 알게 된다. 놓지 못한 마음은 집착이 아니라 불안에서 비롯된 작은 방어였다는 것도 뒤늦게 이해하게 된다.
하지만 비우고 나면 남는 건 허전함이 아니다. 오히려 나를 숨 막히게 했던 요소들을 건너뛰고, 삶의 한가운데에 놓인 본질과 마주하게 된다. 하루를 지탱해 주는 몇 벌의 옷, 다시 펼쳐보고 싶은 몇 권의 책, 함께 있을 때 편안해지는 소수의 사람, 나를 앞으로 나아가게 하는 소수의 생각과 감정들. 어느 순간 마음 깊은 곳에서 이렇게 말하게 된다.
"이제 이것만 있어도 충분하다."
그 말이 자연스럽게 떠오를 때, 이미 내 안에서는 가치가 재배치된 것이다. 덜 가지는 일은 잃는 일이 아니라, 삶의 중심을 다시 세우는 일에 가깝다. 가진 것이 줄어들수록 마음은 넓어지고, 생각은 단순해지며, 감정은 평온해진다. 풍요는 더 많이 쥐고 있을 때 오는 것이 아니라, 감당할 수 있을 만큼만 품을 때 비로소 생긴다.
어쩌면 중요한 건 더 많은 것을 가질 능력이 아니라, 덜 가져도 흔들리지 않는 마음인지 모른다. 그 마음이 단단해지는 순간, 남은 것들이 더욱 맑게 빛난다. 그리고 그제야 조용히 알게 된다.
"내가 진짜 지키고 싶었던 건, 처음부터 몇 가지뿐이었구나."

단순성 효과(Simplicity Effect) & 선택의 집중(Paradox of Choice, 2004)

배리 슈워츠(Barry Schwartz)

선택지가 많을수록 만족은 줄고, 혼란과 후회는 커진다고 설명한 이론이다. 사람은 많아지는 것 속에서 핵심을 잃기 쉽지만 반대로 줄이는 과정에서는 우선순위가 자연스럽게 명확해지는 심리적 현상이 나타난다. 이것이 '가치 재배치'의 심리적 기반이다. 덜 가지려는 선택은 결핍이 아니라 내 삶을 구성하는 본질적 요소만 남기려는 마음의 정돈 과정으로 작용한다.

생각과 감정 사이에 거리를 두는 힘

가까이에서 보면 어떤 문제는 유난히 커 보이고, 어떤 사람은 지나치게 어렵게 느껴지며, 어떤 감정은 도무지 감당할 수 없을 만큼 무겁게 다가올 때가 있다. 그 순간의 나에게는 그것 외에는 아무것도 보이지 않는다. 오늘의 피로와 불안, 마음에 맺힌 서운함이 시야 전체를 덮어버리면, 마치 인생 전체가 지금의 감정 하나로 뒤덮인 것처럼 느껴지기도 한다.

하지만 시간이 조금 지나 그 자리에서 물러나 다시 바라보면, 그때는 형태조차 없던 두려움과 혼란이 서서히 모양을 드러낸다. "왜 그렇게까지 힘들었을까?" 하고 떠올리다 보면, 그 안에는 나를 지키려 했던 마음, 이해받고 싶었던 마음, 그리고 그 모든 감정을 혼자 견디던 나 자신이 있었다는 사실을 뒤늦게 깨닫게 된다.

심리학에서는 이를 '심리적 거리두기'라고 부른다. 문제를 외면하는 것이 아니라 문제를 바라보는 위치를 조정하는 일이다. 너무 가까이 붙어 있으면 감정만 확대되어 보이지만, 한두 걸음 떨어진 자리에서는 전체의 흐름이 선명하게 보인다. 그림 바로 앞에서는 색조만 보이다가 뒤로 물러나자 전체 구도가 나타나는 순간과 같다.

우리는 종종 감정 한가운데에서 모든 것을 판단하려 한다. 그러나 그 자리는 판단이 아니라 반응만 가능한 자리다. 감정의 한복판에서는 나의 욕구도, 선택의 기준도, 진짜 두려움이 무엇인지도 분간하기 어렵다. 한 걸음 물러나는 순간 비로소 나의 마음이 향하고 싶은 방향이 보인다. 거리두기는 회피가 아니라, 감정의 소음 속에서 온전한 판단을 되찾는 과정에 가깝다.

그래서 많은 사람이 고민을 적어보거나 누군가에게 설명하면서 자연스럽게 거리를 만든다. 생각을 글로 옮기는 순간, 그때까지 몸이 먼저 반응하던 감정들이 문장 속에서 형태를 갖추기 시작한다. '내가 이런 상황에 있었구나.' 이해가 생기는 자리에서 감정은 비로소 조금 느슨해진다.

조금 떨어져 보면 한때 나를 짓누르던 일들도 의외로 단순했음을 발견하기도 하고, 너무 무겁게 느꼈던 감정도 '그때의 나는 그럴 수밖에 없었지'라고 스스로를 받아들일 여유가 생긴다. 가까이에서는 보이지 않던 것들이 멀리서 보면 보이고, 그 보임이 앞으로 걸어갈 힘을 만들어준다.

'왜 이렇게 힘들까'라는 탄식이 '그래도 여기까지 왔구나'라는 인식으로 바뀌는 순간, 같은 사건도 전혀 다른 의미를 갖게 된다.

결국 심리적 거리두기는 삶을 더 가볍게 살아가기 위한 아주 조용한 기술이다. 감정이 파도처럼 밀려올 때, 내가 완전히 휩쓸리는 자리를 벗어나 한 걸음 뒤에서 바라보는 자리에 서는 것. 파도는 여전히 거세지만 이제는 나를 덮치지 못한다. 나는 그저 그것을 바라보는 사람이 된다.

그리고 그 자리에서 이렇게 말할 수 있게 된다.

"아, 이제야 보인다. 내가 어디로 가야 할지."

거리두기 이론(Construal Level Theory, 2007)

예일 트로프(Yale Trope), 니라 리버먼(Nira Liberman)

심리적 거리는 시간·공간·관계·관점에서 대상과 일정한 간격을 둠으로써 감정의 흐름을 가라앉히고 판단을 더 명확하게 만드는 심리적 작용이다. 사람은 감정에 너무 가까이 있을 때 과장되게 해석하고, 한 발 물러설 때 오히려 현실을 더 정확하게 보고 더 평온하게 받아들일 수 있다.

경험을 새롭게 해석하는 능력

어떤 물건에는 단순한 기능 이상의 것이 담겨 있다. 혼자 버티던 시절 매일 손에 쥐던 머그잔이나 지친 마음을 감싸주던 낡은 목도리처럼, 지금 보면 한없이 소박하지만 그때의 나를 붙잡아준 조용한 증거들이다. 손끝에 닿는 순간, 그 시절의 공기와 무게가 되살아나기에 쉽게 버리지 못한다. 물건을 놓지 못하는 것은 그 안에 잠겨 있는 '그때의 나'를 놓기 어려워서다.

관계도 그렇다. 이미 끝났다는 사실을 알면서도 과거의 나를 잃지 않기 위해 억지로 이어가는 순간들이 있다. 떠나보내면 그 시절의 시간까지 사라질까봐, 나를 아프게 하는데도 이 감정이 사라지면 내가 변해버릴까 봐 붙잡을 때가 있다. 상처가 오래 머물면 그 자체가 '진짜 나' 같아지기도 한다.

하지만 의미는 마음의 성장에 따라 새로 쓰일 수 있는 것에 가깝다. 한때 삶의 중심이던 것들이 어느 순간 조용히 뒤로 물러나고, 나를 지탱하던 감정조차 나를 붙잡는 무게로 바뀌기도 한다. 예전엔 원망으로 남았던 장면이 지금은 '그때의 나는 정말 최선을 다했지'라는 다정한 해석으로 바뀌는 것처럼, 같은 상황도 의미가 달라지면 마음도 다른 방향으로 움직인다.

떠나보내기 위해 억지로 이유를 만들 필요는 없다. 지나간 시간이 촉발했던 의미가 지금의 나에게는 다른 형태로 읽힐 뿐이다. 과거를 잘못된 것으로 정리하는 것이 아니라, 지금의 나에게 맞는 기준으로 삶을 다시 구성하는 일에 가깝다. 그 시절이 여전히 소중했다는 사실을 인정한 채, 이제는 지금의 나에게 더 적합한 선택을 할 수 있게 된 것이다.

예전엔 끝맺음이 실패처럼 느껴졌지만, 지금은 서로가 더 편안한 자리를 찾기 위해 물러나는 과정일 수 있다고 이해한다. 함께 있을 때보다 떨어져 있을 때 더 평온하다면, 그것은 단절이 아니라 회복에 가까운 이별이다. 감정도 한때 울컥하는 마음을 약함으로 여기던 나에게 지금의 나는 그것을 '그만큼 사랑했고 성실하게 살아냈다는 기록'으로 다시 설명해 준다. 똑같은 눈물도 이렇게 해석이 달라지면 의미도 달라지는 것이다.

떠나보내는 것은 의미를 없애는 일이 아니라 새로운 의미가 들어올 자리를 만드는 일이다. 내가 붙잡아온 것들은 잠시 머물다 간 손님 같은 것이고, 그 손님이 머문 시간이 있었기에 지금의 나에 닿을 수 있었다. 비워내는 순간이 유독 아픈 이유는 내가 잘못해서가 아니라 그만큼 마음을 다해 살아왔기 때문이다. 정성을 쏟지 않았다면 떠나보낼 때 이렇게까지 저리지 않을 것이다. 그래서 나는 어떤 것을 내려놓을 때 조용히 이렇게 말한다. "이 의미는 여기까지로 충분했다. 이제는 다른 의미가 나를 기다리고 있다." 그 문장을 받아들이는 순간 떠나보내는 일은 상실이 아니라 성장으로 이어지는 자연스러운 흐름이 된다. 그리고 어느 날 뒤돌아보면, 그때의 떠나보내기가 지금의 나를 더 넓고 따뜻한 자리로 데려왔음을 천천히 이해하게 된다. 예전엔 꼭 붙잡고 있어야만 나 같다고 믿었던 것들이 사실은 나를 지나간 손님에 불과하다는 것을 뒤늦게 조용히 알게 된다.

감정 조절 이론(Emotion Regulation Theory, 1998)

제임스 그로스(James J. Gross)

인간은 상황 자체를 바꾸지 못할 때, 그 상황을 바라보는 '의미'를 다시 구성함으로써 감정을 조절한다. 이를 인지 재평가(cognitive reappraisal)라고 한다. 떠나보내기 어려운 물건·관계·기억도 그 의미를 새롭게 정의할 때 마음은 자연스럽게 가벼워지고, '놓아야 할 이유'가 스스로에게 납득되는 이해로 바뀐다.

엄청난 해법을 찾다가 결국 기본으로 돌아오는 깨달음이란

말은 생각보다 오래 남는다. 말한 사람은 잊어도 들은 사람은 기억한다. 그래서 관계를 돌아보면 큰 사건보다 사소한 말들이 더 선명하게 떠오른다. 무심코 던진 한마디, 지나가는 듯한 어조 하나가 오래 남아 마음의 결을 만든다.

유치원 기본교육 과정에 나오는 '예쁜 말, 고운 말'도 그렇다. 너무 기본적이라 오히려 중요하지 않게 여겨지고, 어른이 될수록 가장 먼저 잊히는 말들이다. 하지만 관계가 어긋날 때를 떠올려보면, 문제는 늘 그 기본에서 시작된다.

심리학자 엘레인 해트필드(Elaine Hatfield)는 1993년 '정서 전염 이론(Emotional Contagion Theory)'을 통해 감정은 개인 안에 머무르지 않고 사람 사이를 이동한다고 설명했다. 말의 내용뿐 아니라 말투와 태도, 그 안에 실린 감정까지도 그대로 전달된다는 것이다. 고운 말은 안정감을 퍼뜨리고, 거친 말은 불안을 확산시킨다. 감정은 설명보다 빠르고, 의도보다 먼저 전염된다.

그래서 말의 힘에 관한 이야기는 시대와 문화를 가리지 않는다. 고대 그리스에서는 말이 사람의 성품을 드러낸다고 했고, 동양에서는 한마디 말이 관계와 운명을 바꾼다고 여겼다. 서양에는 "말은 마음의 거울이다"라는 격언이 있고, 일본에는 "말은 마음을 싣고 간다"라는 표현이 있다. 언어는 달라도, 말이 사람을 살리기도 하고 다치게도 한다는 사실만큼은 같았다.

우리나라에도 "말 한마디가 천 냥 빚을 갚는다"라는 속담이 있다. 말은 관계의 비용을 줄이기도 하고, 반대로 감당하기 어려운 빚을 만들기도 한다. 그런데 인생이 복잡해질수록 사람들은 대단한 해법을 찾으려 한다. 관계를 지키는 일이 결국은 말의 문제라는 사실을 알면서도, 그 단순함을 자주 잊는다.

결국 말은 기술이 아니라 태도에 가깝다. 잘 말하려 애쓰기보다 함부로 말하지 않으려는 마음. 정답 같은 말을 내놓으려 하기보다 상처 주지 않는 말을 선택하는 일. 할 말이 떠오르지 않는 순간에는 말 대신 경청, 설명 대신 침묵을 택하는 편이 낫다.

우리가 끝내 붙잡아야 할 원칙은 이미 알고 있는 것들이다. 예쁜 말, 고운 말. 그 간단해 보이는 기준이 결국은 사람을 지켜준다. 상대방뿐 아니라 내 마음까지도.

정서 전염 이론(Emotional Contagion Theory, 1993)

엘레인 해트필드(Elaine Hatfield)

말의 내용뿐 아니라 어조와 태도를 통해 감정은 타인에게 전달된다. 고운 말은 안정감을, 거친 말은 불안을 주변으로 확산시킨다.

성장은 비움에서 시작한다

정리하지 않은 서랍에는 새 물건을 넣을 자리가 없고, 이미 가득 찬 일정표에는 새로운 계획이 들어갈 틈이 없다. 마음도 다르지 않다. 해야 할 일, 누군가가 실망하게 하지 않으려는 체면, 이미 지나갔지만 여전히 자리를 차지하고 있는 감정들. 이렇게 빽빽하게 차 있을 때는 아무리 좋은 기회가 와도 들어앉지 못한다.

저 멀리서는 분명 변화의 바람이 부는 것 같은데, 정작 내 삶은 같은 자리를 맴도는 느낌이 드는 이유가 바로 여기에 있다.

캐럴 드웩(Carol S. Dweck)의 성장지향 관점이 말하듯, 성장은 '덧붙이는 능력'이 아니라 '공간을 비우는 용기'에서 시작된다. 낡은 생각, 몸에 밴 두려움, 더 이상 내 편이 되지 않는 감정들. 그것들을 조금씩 내려놓을 때 비로소 다른 선택지가 보이고, 그 틈으로 새로운 생명력이 들어온다. 고집하던 방식만 붙잡고 있으면 삶은 언제나 익숙한 궤도 안에서만 움직인다.

비운다는 건 내가 틀렸다는 뜻도, 그동안의 노력이 헛되었다는 뜻도 아니다. 오히려 그 노력과 시간이 "이제 다음 단계로 가도 괜찮다"는 메시지를 보내준 것에 가깝다. 한 시절을 버텨낸 방식이 지금의 나에게는 맞지 않을 수 있다. 그건 실패가 아니라 성장의 징표다. 옛 기준을 과감히 내려놓을 때 삶은 다른 방식으로 나를 도와준다.

사람의 변화는 늘 작은 비움에서 시작된다. 하루 10분의 여유를 남겨두는 선택, 계속 나만 떠안고 있던 책임에서 한발 물러서는 용기, 더 이상 나에게 맞지 않는 관계를 조용히 내려놓는 배려. 이런 작은 비움이 모여 마음 안에

아주 작은 틈을 만든다. 그리고 그 틈을 통해 새로운 가능성이 들어온다.
비움은 공허가 아니다. 성장을 위한 초대장에 가깝다. 비워야만 다시 채울 수 있고, 놓아야만 다시 손을 뻗을 수 있다. 꽉 쥐고 있어서 안정적인 것처럼 보이던 기준과 역할들이 오히려 나의 가능성을 가로막고 있었음을 우리는 대개 나중에야 깨닫는다.
'이것까지 놓으면 나는 아무것도 아닐 것 같아서' 붙잡고 있던 것들이 알고 보면 이미 제 역할을 마치고도 내 안에 남아 있던 경우가 많다. 그러다 아주 작게라도 비워낸 순간, 마음속에서 조용히 이런 말이 떠오른다.
"아, 이제 드디어 내 삶이 움직일 자리가 생겼구나."
성장을 향한 비움은 극적인 결단이라기보다, 나를 더 넓게 바라보는 태도다. 지금 손에 쥐고 있는 것 중에서 전부가 아니라, 단지 아주 조금만 내려놓아도 괜찮다. 그 작은 여백에서 새로운 가능성이 자라기 시작할 테니까.
그리고 언젠가 뒤돌아보면 이렇게 말할지도 모른다.
"그때 조금 비워냈던 용기가, 지금의 나를 여기까지 데려왔구나."

성장 지향 관점(Growth Mindset, 2006)

캐럴 드웩(Carol S. Dweck)

성장은 능력을 더 쌓는 것에서만 오는 것이 아니라 새로운 배움을 위해 기존의 신념·습관·패턴을 내려놓는 과정에서도 일어난다. 사람은 자기 가능성을 확장하려면 마음의 공간이 필요하며, 이전의 방식·관계·생각을 '비우는 행위'는 새로운 경험과 선택을 받아들일 여지를 만들어준다.

에필로그

처음에는 대가들의 심리 이론을 이용해 365일 동안 하루에 한 번씩 내 마음을 돌아볼 수 있는 책을 쓰려고 하였다. 그러다 보니 400쪽이 넘는 원고가 되어버렸다. 버려야 했다. 처음에는 내용을 채우는 것이 너무 힘들었는데, 이번에는 버리는 것이 어려웠다. 막상 버리려고 보니 다 버려야 할 것 같기도 하고, 또 어떤 순간에는 마음에 들어 덜어내기 힘든 갈등의 연속이었다. 그래도 지우고 덜어내고 다시 붙잡는 일을 반복하다 보니 지금의 형태가 남았다. 그래도 가끔 처음 쓴 원고를 가제본한 책을 보면 왠지 따뜻한 마음이 들어 다시 펼쳐보곤 한다.

사람 마음이 원래 그런 것 같다. 버려진 문장에는 미련이 남고, 남겨둔 문장에는 의심이 남는다. 버린다는 것은 늘 고집과 아쉬움, 욕심과 애틋함이 함께 움직인다. 어떤 것은 놓기 어려워서 붙잡고, 어떤 것은 아무렇지 않게 내려놓기도 한다. 그 경계에서 사람은 자신이 무엇에 마음을 주고 있는지를 깨닫는다. 버린다는 행위가 단순한 포기가 아니라, 마음을 더 유연하게 만들고 삶을 더 탄력 있게 하는 과정이라는 것도 조금씩 알게 된다. 그렇게 조금씩 내려놓다 보면 결국 미니멀리즘이든, 무소유든, 삶을 가볍게 바라보는 어떤 태도에 닿게 되는지도 모르겠다.

결국 책을 써가는 일도 '버리기 어려운 것과 쉬운 것' 사이를 오가는 과정인 것 같다. 버린다고 다 후련해지는 것도 아니고, 남긴다고 다 좋은 것도 아니다. 무엇을 남기고 무엇을 비워야 할지 그 사이에서 늘 머뭇거리게 된다. 어쩌면 그게 인생인지 모르겠다.

그리고 심리학 이론을 한군데로 모아보니 발표된 연도가 정확한 것도 있고 그렇지 않은 것도 있었다. 개념이 겹치거나, 같은 이야기가 다른 이름으로 불리기도 했다. 그만큼 마음의 정리는 쉽지 않고, 받아들이는 사람의 몫이 크다는 뜻일 것이다. 그래서 이 책을 심리학 이론의 '해설'이 아니라 '다른 시선'으로 봐주면 좋을 것 같다. 사실 이 책은 예전에 공부했던 심리학 이론을 지금 다시 찾아 음미하면서, 내가 그동안 쌓아온 경험과 기억을 반추해 정리해 본 나만의 시선이기도 하다.

책도 순간과 인연이 중요한 만남일지 모른다. 아무리 유명한 책이라도 나와 인연이 되지 않으면 공감할 수 없고, 아무 의미가 없다. 반대로 우연히 펼친 책이라도 인연이 닿으면 몇 마디 문장만으로도 나를 붙잡을 때가 있다. 이 책도 누군가에게 그런 인연이 되어, 어쩌다 한 줄이라도 마음에 닿는 문장을 만날 수 있으면 좋겠다. 그 한 줄이 살짝 위로가 되거나 잠시 미소 짓게 한다면, 그걸로 충분하다.

김남순

참고문헌

Ekman, P., & Friesen, W. V. (1971). *Constants across cultures in the face and emotion.* Journal of Personality and Social Psychology, 17(2), 124-129.

Gross, J. J. (1998). *The emerging field of emotion regulation: An integrative review.* Review of General Psychology, 2(3), 271-299.

Hayes, S. C., Strosahl, K. D., & Wilson, K. G. (1987). *Acceptance and Commitment Therapy.* Behavior Therapy, 18(2), 183-206.

Kübler-Ross, E. (1969). *On Death and Dying.* Macmillan.

Festinger, L. (1954). *A theory of social comparison processes.* Human Relations, 7(2), 117-140.

Rotter, J. B. (1954). *Social Learning and Clinical Psychology.* Prentice-Hall.

Lieberman, M. D. (2007). *Putting feelings into words: Affect labeling disrupts amygdala activity in response to affective stimuli.* Psychological Science, 18(5), 421-428.

Freud, S. (1900). *The Interpretation of Dreams.* Macmillan.

Gottman, J. M., Katz, L. F., & Hooven, C. (1996). *Parental meta-emotion philosophy and the emotional life of families.* Cognition and Emotion, 10(3), 329-342.

Beecher, H. K. (1955). *The powerful placebo.* Journal of the American Medical Association, 159(17), 1602-1606.

Rogers, C. R. (1961). *On Becoming a Person.* Houghton Mifflin.

Brown, B. (2010). *The Power of Vulnerability.* TED Talk / Random House.

Langer, E. J. (1989). *Mindfulness.* Addison-Wesley.

Seligman, M. E. P. (1991). *Learned Optimism.* Knopf.

Baumeister, R. F., Bratslavsky, E., Muraven, M., & Tice, D. M. (1998). *Ego depletion: Is the active self a limited resource?*

Journal of Personality and Social Psychology, 74(5), 1252-1265.

Kahneman, D. (2011). *Thinking, Fast and Slow.* Farrar, Straus and Giroux.

Cloud, H., & Townsend, J. (1995). *Boundaries.* Zondervan.

Erikson, E. H. (1950). *Childhood and Society.* Norton.

Neff, K. D. (2003). *Self-compassion: An alternative conceptualization of a healthy attitude toward oneself.* Self and Identity, 2(2), 85-101.

Schön, D. A. (1983). *The Reflective Practitioner.* Basic Books.

Pennebaker, J. W. (1986). *Writing about emotional experiences as a therapeutic process.* Journal of Personality and Social Psychology, 52(3), 528-537.

LeDoux, J. E. (1996). *The Emotional Brain.* Simon & Schuster.

Maslow, A. H. (1943). *A theory of human motivation.* Psychological Review, 50(4), 370-396.

Watzlawick, P., Beavin, J., & Jackson, D. (1967). *Pragmatics of Human Communication.* Norton.

Rusbult, C. E. (1980). *Commitment and satisfaction in romantic associations: A test of the investment model.* Journal of Experimental Social Psychology, 16(2), 172-186.

Altman, I., & Taylor, D. A. (1973). *Social Penetration: The Development of Interpersonal Relationships.* Holt, Rinehart & Winston.

Figley, C. R. (1995). *Compassion Fatigue: Coping With Secondary Traumatic Stress Disorder.* Brunner/Mazel.

Gottman, J. M. (1997). *The Marriage Clinic.* Norton.

Main, M., & Solomon, J. (1986). *Discovery of an insecure-disorganized/disoriented attachment pattern.* In M. Yogman & T. B. Brazelton (Eds.), *Affective development in infancy.* Ablex.

Berger, C. R., & Calabrese, R. J. (1975). *Some explorations in initial interaction and beyond: Toward a developmental theory of interpersonal communication.* Human Communication Research, 1(2), 99-112.

Hall, E. T. (1966). *The Hidden Dimension.* Doubleday.

Kohut, H. (1971). *The Analysis of the Self.* University of Chicago Press.

Dunbar, R. I. M. (1992). *Neocortex size as a constraint on group size in primates.* Journal of Human Evolution, 22(6), 469-493.

Bowlby, J. (1969). *Attachment and Loss: Vol. 1. Attachment.* Basic Books.

Ainsworth, M. D. S. (1978). *Patterns of Attachment.* Erlbaum.

Chapman, G. (1992). *The Five Love Languages.* Northfield.

Hazan, C., & Shaver, P. (1987). *Romantic love conceptualized as an attachment process.* Journal of Personality and Social Psychology, 52(3), 511-524.

Buss, D. M. (1989). *Sex differences in human mate preferences.* Behavioral and Brain Sciences, 12(1), 1-49.

Gottman, J. M. (1994). *Why Marriages Succeed or Fail.* Simon & Schuster.

Deci, E. L., & Ryan, R. M. (1985). *Intrinsic Motivation and Self-Determination in Human Behavior.* Plenum.

Mahler, M. S., Pine, F., & Bergman, A. (1975). *The Psychological Birth of the Human Infant.* Basic Books.

Baumeister, R. F., & Heatherton, T. F. (1996). *Self-regulation failure.* Psychological Inquiry, 7(1), 1-15.

Lewin, K. (1936). *Principles of Topological Psychology.* McGraw-Hill.

Ainslie, G. (1975). *Specious reward: A behavioral theory of impulsiveness and impulse control.* Psychological Bulletin, 82(4), 463-496.

Skinner, B. F. (1938). *The Behavior of Organisms.* Appleton-Century.

Clear, J. (2018). *Atomic Habits.* Avery.

Zimbardo, P. G. (1971). *The Stanford Prison Experiment.* Stanford University Archives.

Csikszentmihalyi, M. (1990). *Flow: The Psychology of Optimal Experience.* Harper & Row.

Duhigg, C. (2012). *The Power of Habit.* Random House.

Duckworth, A. L., Peterson, C., Matthews, M. D., & Kelly, D. R. (2007). *Grit: Perseverance and passion for long-term goals.* Journal of Personality and Social Psychology, 92(6), 1087-1101.

Bandura, A. (1977). *Self-efficacy: Toward a unifying theory of behavioral change.* Psychological Review, 84(2), 191-215.

Lally, P., van Jaarsveld, C. H., Potts, H. W., & Wardle, J. (2009).
How are habits formed: Modelling habit formation in the real world. European Journal of Social Psychology, 40(6), 998-1009.

Wason, P. C. (1960). *On the failure to eliminate hypotheses in a conceptual task.* Quarterly Journal of Experimental Psychology, 12(3), 129-140.

Beck, A. T. (1979). *Cognitive Therapy of Depression.* Guilford Press.

Ellis, A. (1957). *Rational psychotherapy and individual psychology.* Journal of Individual Psychology, 13(1), 38-44.

Schwartz, B. (2004). *The Paradox of Choice.* Harper Collins.

Kahneman, D., & Tversky, A. (1979). *Prospect theory: An analysis of decision under risk.* Econometrica, 47(2), 263-292.

Asch, S. E. (1946). *Forming impressions of personality.* Journal of Abnormal and Social Psychology, 41(3), 258-290.

Rosenthal, R., & Jacobson, L. (1968). *Pygmalion in the Classroom.* Holt, Rinehart & Winston.

Lakoff, G. (2004). *Don't Think of an Elephant!* Chelsea Green.

Dunning, D., & Kruger, J. (1999). *Unskilled and unaware of it.*
Journal of Personality and Social Psychology, 77(6), 1121-1134.

Duncker, K. (1945). *On problem-solving.* Psychological Monographs, 58(5).

McGonigal, K. (2015). *The Upside of Stress.* Avery.

Bonanno, G. A. (2004). *Loss, trauma, and human resilience.* American Psychologist, 59(1), 20-28.

Maslach, C., & Jackson, S. E. (1981). *The measurement of experienced burnout.* Journal of Occupational Behavior, 2(2), 99-113.

Walker, M. (2017). *Why We Sleep.* Scribner.

Kabat-Zinn, J. (1979). *Full Catastrophe Living.* Delta.

van der Kolk, B. A. (2014). *The Body Keeps the Score.* Viking.

Tedeschi, R. G., & Calhoun, L. G. (1996). *The posttraumatic growth*

inventory. Journal of Traumatic Stress, 9(3), 455-471.
Worden, J. W. (1982). *Grief Counseling and Grief Therapy.* Springer.
Taylor, S. E. (2000). *Tend and befriend: Biobehavioral bases of affiliation under stress.* Psychological Review, 107(3), 411-429.
Newport, C. (2016). *Deep Work.* Grand Central.
Meyer, D. E., Evans, J. E., & Rubinstein, J. S. (2001). *Executive control of cognitive processes in task switching.* Journal of Experimental Psychology: Human Perception and Performance, 27(4), 763-797.
Dweck, C. S. (2006). *Mindset: The New Psychology of Success.* Random House.
Edmondson, A. C. (1999). *Psychological safety and learning behavior in work teams.* Administrative Science Quarterly, 44(2), 350-383.
Senge, P. M. (1990). *The Fifth Discipline.* Doubleday.
Wallas, G. (1926). *The Art of Thought.* Harcourt Brace.
Tuckman, B. W. (1965). *Developmental sequence in small groups.* Psychological Bulletin, 63(6), 384-399.
Super, D. E. (1980). *A life-span, life-space approach to career development.* Journal of Vocational Behavior, 16(3), 282-298.
Harris, T. (2016). *Time Well Spent / Center for Humane Technology* (주의력 경제 개념 확산).
Mark, G., Gudith, D., & Klocke, U. (2008). *The cost of interrupted work: More speed and stress.* CHI Conference Proceedings.
Horton, D., & Wohl, R. R. (1956). *Mass communication and para-social interaction.* Psychiatry, 19(3), 215-229.
Sweller, J. (1988). *Cognitive load during problem solving: Effects on learning.* Cognitive Science, 12(2), 257-285.
Kramer, A. D. I., Guillory, J. E., & Hancock, J. T. (2014). *Experimental evidence of massive-scale emotional contagion through social networks.* PNAS, 111(24), 8788-8790.
Simon, H. A. (1971). *Designing organizations for an information-rich world.*

In M. Greenberger (Ed.), *Computers, Communications, and the Public Interest.* Johns Hopkins Press.

Bruner, J. (1990). *Acts of Meaning.* Harvard University Press.

Thaler, R. (1980). *Toward a positive theory of consumer choice.* Journal of Economic Behavior & Organization, 1(1), 39-60.

Winnicott, D. W. (1953). *Transitional objects and transitional phenomena.* International Journal of Psycho-Analysis, 34, 89-97.

Peterson, J. B. (1999). *Maps of Meaning: The Architecture of Belief.* Routledge.

Mauss, M. (1925). *Essai sur le don.* Presses Universitaires de France.

Van Boven, L., & Gilovich, T. (2003). *To do or to have? That is the question.* Journal of Personality and Social Psychology, 85(6), 1193-1202.

Lyubomirsky, S., Sheldon, K. M., & Schkade, D. (2005). *Pursuing happiness: The architecture of sustainable change.* Review of General Psychology, 9(2), 111-131.

Fredrickson, B. L. (1998). *What good are positive emotions?* Review of General Psychology, 2(3), 300-319.

Emmons, R. A., & McCullough, M. E. (2003). *Counting blessings versus burdens.* Journal of Personality and Social Psychology, 84(2), 377-389.

Frankl, V. E. (1946). *Man's Search for Meaning.* Beacon Press.

Eastwood, J. D., Frischen, A., Fenske, M. J., & Smilek, D. (2012).

he unengaged mind: Defining boredom in terms of attention. Perspectives on Psychological Science, 7(5), 482-495.

Honoré, C. (2004). *In Praise of Slow.* Knopf Canada.

Gilbert, P. (2009). *The Compassionate Mind.* Constable & Robinson.